Vom
Stoffe des Rechts und seiner Struktur.

Das Recht im Prozeß.

Zwei Abhandlungen

von

Erich Brodmann.

Berlin. SW.48
Wilhelmstraße 119/120.
J. Guttentag, Verlagsbuchhandlung.
1897.

I.

Vom Stoffe des Rechts und seiner Struktur.

Doch es ist ein ew'ger Glaube,
Daß der Schwache nicht zum Raube
Jeder frechen Mordgebärde
Werde fallen alle Zeit:
Etwas wie Gerechtigkeit
Webt und wirkt in Mord und Grauen
Und ein Reich will sich erbauen,
Das den Frieden sucht der Erde.

Conr. Ferd. Meyer.

So alt fast, wie die Philosophie ist auch die Frage nach dem Wesen des Rechts. Wo immer die Menschheit erwacht ist zur Selbstbesinnung und zum Nachdenken über die Welt um sie und in ihr, fand sie dieses selbstverständliche und doch so geheimnißvolle, von ihr selbst geübte und doch unbegriffene, von ihr geschaffene und doch wie von der Gottheit verliehene Walten der Rechtsordnung vor. Dürftig vielleicht nach Inhalt und Umfang, unvollkommen in der Technik nach heutigen Begriffen, ist sie mit der Kultur gewachsen und zu einem stattlichen Bau geworden, der noch, wie wir hoffen, die gesamte Menschheit umschließen soll. Aus dunklem unbewußtem Ursprung entsprossen, ist sie fortgebaut — so dünkt es uns — in bewußter Arbeit von sichtbaren Kräften. Die Rechtswissenschaft hat glänzende Zeiten erlebt, über den Grund aber, auf dem das Ganze ruht, herrscht keine Klarheit, des Streitens ist kein Ende. Und wie sollte das auch anders bei einer Frage sein, die — überlegen wir's recht — mit den tiefsten Problemen menschlichen Wissendurstes aufs Engste verknüpft erscheint. Es ist auch keine Hoffnung, daß es anders werde, und wollen wir praktische Ziele verfolgen, so bleibt nichts übrig, als daß wir die Augen von dem abwenden, was unter dem Erdboden verborgen liegt, daß wir dem Grunde vertrauen, der sichtlich ein schlechter nicht sein kann und uns — ein Jeder an seinem Platze — dem Tagewerk zuwenden, wo es noch genug zu thun giebt. Auch mir liegt es fern, nach dem Unerforschlichen zu forschen. Was uns hier beschäftigen soll, ist das logische Gefüge des Rechts und sein Verhältnis zu dem Stoff, den es beherrscht, Fragen, die theoretisch klingen, deren richtige Beantwortung aber, wie ich hoffe zeigen zu können, unmittelbar von praktischer Bedeutung ist. Herrscht hier auch noch viel Zweifel und Streit, so liegt doch alles, was es zu untersuchen gilt, sichtbar zu Tage. Wir brauchen nicht zu jenem unerforschlichen Grunde hinabzusteigen, höchstens, daß es gelingt an einzelnen Stellen zu zeigen, wo der Bau auf jenem Grunde ruht und wie er mit ihm verknüpft werden muß.

Ich gehe aus von der Definition des Rechts im objektiven Sinn. Eines erscheint hier als selbstverständlich und wird allgemein anerkannt. Der höhere Oberbegriff, der Gattungsbegriff, kann kein anderer sein, als der des Gesetzes oder der Norm in diesem weitesten Sinne des Worts. Unter dem Recht verstehen wir den Inbegriff von Normen bestimmter Art. Gerade weil man das für selbstverständlich hielt, hat man sich auch nie dabei länger aufgehalten, vielmehr sofort der Frage nach dem artbestimmenden Momente die ganze Aufmerksamkeit zugewendet. Und doch erscheint es mir von höchstem Interesse, einmal auch diese Seite der Sache näher ins Auge zu fassen. Hier scheint eine Fehlerquelle zu liegen, die zu Irrtümern und Mißverständnissen ganz erheblich beigetragen hat und täglich noch beiträgt. An und für sich ist es wohl zu verstehen, daß man hier alles für klar und erledigt ansah, denn in gewissem Sinne — d. h. wenn man die metaphysische Seite der Sache außer Acht läßt — ist die Frage, was eigentlich ein Gesetz sei, sicherlich eine müßige. Seit Kant wissen wir, daß unser ganzes Denken an bestimmte Grundformen gebunden ist, in welche wir den uns gegebenen Stoff gestalten. Diese sind weiterer Erklärung nicht fähig, da sie vielmehr Voraussetzung alles Denkens, also auch alles Erklärens sind. Dahin gehören die reinen Formen der Anschauung, Raum und Zeit, aus der formalen Logik der Satz der Identität und des Widerspruchs, die Kategorien der transcendentalen Logik, namentlich aber auch der uns hier interessirende ganz allgemeine Satz vom zureichenden Grunde. Nach ihm ist unser Denken so beschaffen, daß, wo immer uns ein Geschehen oder allgemeiner ein gedanklicher Inhalt irgend einer Art gegeben ist, die Annahme eines bestimmten Grundes denknotwendig ist, aus welchem jenes Geschehen gerade in dieser Form und Gestalt erfolgen mußte, jener gedankliche Inhalt gerade nur diesen Inhalt haben konnte. Diese innige Verbindung zwischen jenem Geschehen oder jenem Inhalt und seinem Grunde ist es, was wir ein Gesetz nennen, und nun zeigt es sich, daß wir zwar den Inhalt eines Gesetzes erforschen und feststellen können, daß wir aber das Wesen des Gesetzes ebenfalls als eine der unserem Denken gegebenen und notwendigen Grundformen anerkennen müssen, und daß es mithin keinen Sinn hat, noch weiter nachforschen zu wollen, worin denn eigentlich dieses Wesen des Gesetzes bestehe. Man darf hierbei nicht etwa nur an die in der Natur herrschenden Gesetze denken. Der Satz vom zureichenden Grunde gilt für uns ganz allgemein, er hat für jeden Gedankeninhalt seine Bedeutung, und Schopenhauer hat bekanntlich die vier verschiedenen Gestaltungen, in denen er uns gegeben ist, in seiner berühmten Dissertation klar nachgewiesen. Danach gilt der Satz im Gebiete des Werdens (Kausalität), des Erkennens (Grund oder logische, empirische, transcendentale, metalogische Wahrheit), des Seins (mathematische Wahrheit) und des Wollens (Motivation). In keiner dieser Richtungen erscheint er weiterer Erklärung fähig, denn es hätte eben keinen Sinn, erklären zu wollen, was doch wiederum Voraussetzung wie alles Denkens, so auch dieser Erklärung sein müßte, oder um mit Schopenhauer zu reden:

„Der Satz vom Grunde ist das Prinzip aller Erklärung; „eine Sache erklären heißt, ihren gegebenen Bestand oder Zusammenhang zurückführen auf irgend eine Gestaltung des Satzes „vom Grunde, der gemäß er sein muß, wie er ist. Diesem „gemäß ist der Satz vom Grunde selbst, d. h. der Zusammenhang, den er, in irgend einer Gestalt, ausdrückt, nicht weiter „erklärbar; weil es kein Prinzip giebt, das Prinzip aller Erklärung zu erklären, — oder wie das Auge alles sieht, nur sich „selbst nicht.“

Insofern nun erscheint es allerdings richtig, allem Grübeln darüber zu entsagen, was ein Gesetz in Wahrheit sei und woher als solches es komme. Damit ist die Sache aber noch nicht abgethan. So einfach, wie eben angenommen wurde, liegen in Wahrheit die Dinge nirgendwo. Wir kennen kein Gesetz, das im Stande wäre, ein einzelnes bestimmtes Geschehen in allen seinen Beziehungen zu determiniren. Wo immer wir z. B. ein Naturereignis auch in einfachster Gestalt vor uns haben, führt die Frage nach der Ursache auf das Zusammenwirken verschiedener Faktoren zurück. So bedurfte eine blühende Blume der Wärme, des Sonnenscheins, des Regens, aller meteorologischen Ereignisse, die in ihrem heutigen Geschehen in letztem Grunde bis auf den Uranfang aller Dinge zurückführen. Ferner bedurfte die Blume des Erdbodens, in dem sie Wurzeln schlug, aus dem sie in festbestimmter Weise ihre Nahrung zog u. s. w. Sollten wir nun das Gesetz dieses Geschehens, dieses Blühens, angeben, so würden wir in Verlegenheit geraten. Das was wir nennen können, ist eine Mehrheit allgemeiner Naturgesetze, nach welchen aus einem gegebenen Thatbestand — etwa der Existenz der blütenlosen, lebenden Pflanze an einer bestimmten Stelle unter bestimmtem Klima — als Folge die Blüte zur Entstehung gelangen mußte. Es giebt, mit anderen Worten, kein Geschehen, das in seiner ganzen Fülle durch ein einzelnes Gesetz determinirt gedacht werden könnte. Es trifft in jedem Geschehen eine Anzahl von Allgemeingesetzen zusammen und es fragt sich, wie die Struktur eines solchen Allgemeingesetzes und das Verhältnis desselben zu der ihm unterworfenen Substanz zu denken ist.

Es ist ohne Weiteres klar, daß die Bildung der Allgemeingesetze, ebenso wie die aufs Innigste damit im Zusammenhang stehende Bildung der Begriffe auf der Befähigung unseres Denkens zur Abstraktion beruht. Eine glückliche, aber doch ganz merkwürdige Befähigung! Was eigentlich diese aus Abstraktion gewonnenen Begriffe sind, ist bekanntlich eine offene Frage. Von der Ideenlehre Platos über den Universalienstreit des Mittelalters bis zur Dialektik Hegels und weiter können wir den Streit hierüber verfolgen, der heute mehr vergessen als geschlichtet ist. Lassen wir aber — treu unserem Vorsatz — alle Metaphysik aus dem Spiel. Mag metaphysisch den Allgemeinbegriffen jener Vorzug reinster Existenz immerhin beikommen, rein logisch betrachtet erscheinen sie doch in einem ganz anderen Licht. Da sind sie meines Ermessens nichts als ein, wenn auch glücklicher, weil unentbehrlicher, so doch mangelhafter Notbehelf, uns in dem unermeßlich reichen Stoff des Gegebenen zurechtzufinden. Sie erscheinen gleichsam wie ein Gerüst am Gebäude, an dem wir mühsam außen herumsteigen müssen, weil wir ins Innere nicht zu dringen vermögen.

Unaufhörlich und anfangs völlig unverstanden dringen die Eindrücke der Außenwelt auf die Seele des Kindes ein, das sie anscheinend spielend, in Wahrheit mit stillem unverdrossenem Fleiße verarbeitet. Aus Empfindungen müssen Anschauungen, Wahrnehmungen und Vorstellungen werden. Das Gegenwärtige wird mit Vergangenem verglichen, Verbundenes gilt es zu trennen, Getrenntes zu verbinden, Analyse und Synthese werden geübt, noch ehe wir im geringsten im Stande wären, uns der Bedeutung dieses

Thuns bewußt zu werden. Allmählich ordnet sich auch die Welt der Begriffe. Indem wir von der Einzelerscheinung nur das festhalten, was sie mit anderen gemeinsam hat, alle anderen Bestimmtheiten teils unbewußt übersehen, teils geflissentlich außer Acht lassen, gelangen wir vom Individuum zur Art und Gattung, vom Besonderen zum Allgemeinen und Allgemeinsten. Je allgemeiner der Begriff wird, je mehr er an Umfang gewinnt, desto ärmer muß er an Inhalt werden, denn mit jedem Schritt vorwärts in der Verallgemeinerung, müssen wir ein Stück des Thatbestandes, das artbildende Moment, fallen lassen. Nirgends aber außerhalb unseres Denkens ist in Wahrheit der Begriff zu finden, nur dem Individuum, der Einzelerscheinung, ausgestattet mit dem Vollgehalt ihrer gesamten Determinationen, vermögen wir eine Existenz beizulegen. Ganz analog gelangen wir auch zur Aufstellung von Allgemeingesetzen. Die mehreren Fälle eines solchen Gesetzes sind stets untereinander verschieden, wenn nicht in anderer Beziehung so doch zum Mindesten in ihrer örtlichen oder zeitlichen Determination. Würde schließlich auch diese Verschiedenheit fortfallen, so würde uns ja nichts mehr berechtigen, von einer Mehrheit von Fällen zu reden. Indem wir sie gleichwohl unter e i n Gesetz bringen, ist das nur dadurch möglich, daß wir ausschließlich das Gleiche der Fälle festhalten, das Ungleiche aber unbeachtet lassen. Es gilt auch hier in mehr oder weniger erheblicher Weise zu abstrahiren. Betrachten wir beispielsweise die Körper unter dem Gesichtspunkte der Gravitation, so kommen ihre Schwere, Dichtigkeit, vielleicht auch ihre Gestalt in Frage, im Übrigen haben aber alle ihre sonstigen Eigenschaften, alle Seiten, welche sie außerdem nicht nur der naturwissenschaftlichen, sondern vor allen Dingen etwa auch der wirtschaftlichen, ästhetischen oder anderweitigen Beurteilung bieten, in dieser Betrachtung keine Statt. Ferner, in allem Geschehen in der Materie spielt das Gesetz von der Erhaltung der Energie seine bedeutsame und zwingende Rolle, und in wie wenigen von all den zahlreichen Erscheinungen, die uns tagtäglich zum Bewußtsein kommen, findet gerade diese Seite der Sache auch nur die geringste Beachtung?

Mit anderen Worten, die uns bekannten und überhaupt zugänglichen Allgemeingesetze sind auch in dem Sinn abstrakt, daß sie bezüglich keiner konkreten Erscheinung, sei es nun die gesammte Erscheinung, sei es auch nur einen für sich bestehenden trennbaren oder selbständigen Teil derselben — eine pars divisa in juristischer

Sprechweise — zu determiniren vermöchten. Was das Gesetz beherrscht, ist weder das Ganze, noch die Hälfte, noch ein Tausendstel der Erscheinung, sondern nur eine, wiederum durch Abstraktion gewonnene, selbständig nicht existirende, vom Ganzen nur in unserem Denken ablösbare Seite derselben.

Damit gelangen wir zur Unterscheidung zwischen Konkretem und Abstraktem, die für den Fortgang dieser Untersuchung von grundlegender Bedeutung ist. Unter dem Konkreten verstehen wir die Wirklichkeit, das in Raum und Zeit determinirte Geschehen um uns und in uns, die Wirklichkeit der uns umgebenden materiellen Welt nicht minder als der seelischen Vorgänge in uns selbst wie in allen Lebewesen außer uns, die Wirklichkeit so, wie sie sich darstellt, unabhängig von aller begrifflichen Verarbeitung durch menschliche Denkthätigkeit. Die Welt der Begriffe bildet im Gegensatz dazu das Abstrakte. Diese Unterscheidung zwischen Konkretem und Abstraktem ist uns geläufig und für die unbefangene Auffassung durchaus klar, wenn auch Fehler hier häufig genug vorkommen, und namentlich in Folge von terminologischen Schwierigkeiten Mißverständnisse schwer zu vermeiden sind. Daß sie einer philosophischen Betrachtung gegenüber schwerer Stand hält, ist ein Punkt, auf den ich noch zurückkommen werde.

Dabei ist aber Eines wohl zu beachten. Auch die seelischen Vorgänge rechnen wir zu dem konkreten Geschehen. Ein Schmerz wird gefühlt, ein Entschluß gefaßt, ein Urteil gefällt, stets an ganz bestimmter Stelle zu bestimmter Zeit. Zugleich aber bieten diese Vorgänge der Betrachtung eine andere Seite dar. Der Begriff, die Vorstellung, das Urteil haben zugleich einen Inhalt, der seine bestimmte Bedeutung hat, der wahr oder falsch sein kann, der gilt oder nicht gilt. Dieser Inhalt behält seine Bedeutung, auch wenn der seelische Vorgang längst beendet ist, die Vorstellung aus dem Bewußsein verschwunden, das Urteil vergessen ist. Insofern sind die seelischen Gebilde durch Raum und Zeit nicht determinirt und wenn wir trotzdem auch sie zu den konkreten Dingen rechnen, so haben wir dabei selbstverständlich nur jene Seite derselben, ihre Existenz, ihren zeitlichen und örtlichen Verlauf, nicht ihren Inhalt im Auge. So müssen wir notwendig beide Seiten der Bewußtseinsvorgänge trennen. Denn außer diesen Vorgängen giebt es allerdings für uns absolut Nichts. Alles, was wir von der Außenwelt wissen, wissen wir nur durch sie und es kann daher das Abstrakte auch nur in jenem Inhalte — hier speziell in dem Inhalte der intellektuellen Vorgänge in unserer Seele — liegen. Wir stehen hier wiederum vor einem der philosophischen Probleme, die wir hinnehmen müssen, die zu lösen wir nicht unternehmen wollen.

Wie aber ist doch dieses Alles denkbar? Die Wirklichkeit soll das Konkrete sein, so wie sie sich in unserer Auffassung frei von aller begrifflichen Verarbeitung darbietet. Dabei ist aber unser denkender Geist doch so beschaffen, daß er der Begriffsbildung gar nicht entgehen und entraten kann. Gerade die Begriffe sind es, mit deren Hilfe wir uns in der Fülle der Data zurechtfinden. Jeder Versuch einer von allen Begriffen freien Auffassung wird unfehlbar — führt man ihn konsequent durch — schließlich auf einen ungeordneten und unverständlichen Komplex von Empfindungen hinauslaufen. Man wird das vielleicht am besten verstehen, wenn man einmal mit Lotze den umgekehrten Weg von der Wahrnehmung zum Begriff einschlägt[1]):

„Ich nenne jeden zusammenhängenden Inhalt s, dann begrifflich gefaßt, oder Begriff, wenn zu ihm ein allgemeines S mitgedacht wird, welches den bedingenden Grund für das Zusammensein aller seiner Merkmale und für die Form ihrer Verknüpfung enthält. Nach dieser Erklärung sprechen wir unbedenklich von Begriffen auch des völlig Einzelnen, von singularen Begriffen nach dem alten Ausdruck der Logik, und glauben uns dabei in völliger Übereinstimmung mit dem Sprachgebrauch. Denn, wenn wir zum ersten Male einen uns neuen Gegenstand s vielleicht mit völliger Deutlichkeit der sinnlichen Wahrnehmung beobachten, mit dieser aber uns nicht zufrieden geben, sondern fragen, was denn eigentlich dieses s sei, so wünschen wir offenbar die Regel kennen zu lernen, die in dem beobachteten Thatbestand die wahrgenommenen Merkmale verbindet und sie in ein zusammengehöriges Ganze von bestimmtem voraussagbarem Verhalten verwandelt. Erfahren wir dann, dieses s sei ein S, ein Tier oder eine Pflanze, so glauben wir, dieses s begriffen zu haben; seine Vorstellung ist es also, die durch das Mitdenken des allgemeinen S zum Begriff erhoben wird. Jeder Eigenname bietet hierfür ein

[1]) Logik 2. Aufl. S. 44.

„Beispiel. Alcibiades bedeutet für menschliche Gedanken niemals „blos eine Vielheit verschiedenfarbiger Punkte, die im Raum „nach bestimmter, wiewohl nicht ganz unverschiebbarer Zeichnung „mit einander verbunden sind und dem Versuch zu ihrer „Trennung widerstehen; ebensowenig drückt der Name blos den „Nebengedanken aus, diese Vielheit bilde auf irgend eine Weise „ein Ganzes; das ganz bestimmte Allgemeinbild des Menschen „vielmehr oder des Mannes„ wird als das Schema mitgedacht, „nach welchem der Zusammenhang der hier beobachteten Merk„male unter einander und mit dem künftig von ihnen zu er„wartenden Verhalten aufzufassen ist. Auf diese Auffassung „paßt aber weder der Name der Anschauung, noch der einer „bloßen Vorstellung, sondern nur der eines singularen Begriffs."

Sonach sind der singulare Begriff und die Vorstellung konkreten Inhalts einander außerordentlich ähnlich, müssen aber gleichwohl scharf von einander geschieden werden. Nicht in dem Sinn, daß wir aus der letzteren alle abstrakten, d. h. begrifflichen Momente entfernten, ihrer bedürfen wir, um die Vorstellung in das Ganze unseres Wissens einzureihen und sie somit zu verstehen, zu erkennen oder wie man es nennen will. Wohl aber haben wir in der Vorstellung konkreten Inhalts zu allem Begrifflichen noch etwas hinzuzufügen. Wir vollziehen eine Synthese, indem wir dem begrifflich erfaßten Inhalt die Qualität der Wirklichkeit beilegen. Dabei wollen wir auch hier keineswegs in die Tiefen der Metaphysik eindringen, auch nicht einmal mit Erkenntnistheorie uns befassen. Wir geben zu, daß wir völlig außer Stande sind anzugeben, was in Wahrheit unter Wirklichkeit zu verstehen ist, was es im letzten Grunde für einen Sinn hat, von einem Dinge zu sagen, daß es wirklich sei, was das eigentlich ist, wodurch ein wirklicher Gegenstand von dem blos gedachten sich unterscheidet, genug, daß wir praktisch den Unterschied sehr wohl zu erkennen vermögen (abgesehen von Momenten oder Zuständen krankhaft erhöhter Erregbarkeit), und daß es logisch ein Fehler wäre, diesen Unterschied, den wir in unserem Gedankenstoff vorfinden, übersehen oder gar leugnen zu wollen.

Mithin liegen die Dinge so. Alles Wirkliche fassen wir begrifflich auf, um es in den Zusammenhang unseres Wissens einzureihen. Gleichzeitig sind wir uns aber bewußt oder sollten es wenigstens bei klarer Selbstbesinnung werden, daß unser Wissen stets nur abstrakte Seiten, in keiner Weise aber den vollen Thatbestand des Gegebenen zu erfassen vermag. Indem wir von dem Wirklichen wie etwas Erkanntem sprechen, nehmen wir nur künstlich eine Aufgabe als gelöst an, die wir überhaupt nicht im Stande sind zu lösen, vollziehen eine Synthese oder betrachten vielmehr eine Synthese als vollzogen, die in Wahrheit unvollziehbar ist. So ist die Wirklichkeit ein Postulat unserer Erkenntnis oder doch wenigstens jeder angewandten Wissenschaft.

Damit hängt denn auch zusammen, wie ich gleich hier bemerken will, daß wir der Regel nach auch die Dinge der Wirklichkeit nicht anders wie die Begriffe benennen. Unter Tisch, Stuhl, Haus, Baum kann ebensowohl der Begriff als das konkrete Stück gemeint sein, und nur nähere Bezeichnung oder auch der Zusammenhang der Rede kann erweisen (thut's freilich auch oft genug nicht), wie in jedem Fall der Ausdruck gemeint ist.

Ich hoffe, in Vorstehendem mich hinreichend klar darüber ausgesprochen zu haben, wie ich mir das Verhältnis des Allgemeingesetzes zu den einzelnen Fällen seiner Anwendung denke. Es beherrscht stets nur eine begrifflich aufgefaßte Seite der Erscheinung, niemals weder das Ganze, noch auch nur ein angebbares Stück der Wirklichkeit. So vollständig auch unser Wissen um eine Erscheinung sein mag, und so genau wir die Gesetze anzugeben vermöchten, unter deren Herrschaft sie steht, immer würde ein unbegriffener und nicht zu begreifender Rest, oder besser gesagt, eine unbegriffene Seite der Erscheinung zurückbleiben. Es gilt dies auch nicht etwa nur von den Gesetzen des Naturverlaufs. Im Interesse einer klaren Darstellung habe ich mich in Vorstehendem auf Beispiele materiellen Geschehens beschränkt. Aber auch auf allen übrigen Gebieten, wo wir Allgemeingesetze aufstellen, d. h. wo der Satz vom zureichenden Grunde gilt — und er gilt allgemein in dem gesammten Gebiet unserer Erkenntnis — sind obige Behauptungen wahr. Das zeigt sich deutlich darin, daß ein einzelnes bestimmtes Geschehen unter alle vier Formen unseres Satzes fallen kann. Wenn der Richter in einem Gemeinschaftsteilungs- oder Abrechnungsprozeß das Urteil verkündet, so steht, was geschieht, als gesprochenes und ertönendes Reden unter dem Gesetz der Kausalität, als richtig oder unrichtig unter dem Gesetz der logischen und dem der mathematischen Wahrheit, als Willensaktion des Richters endlich unter dem Gesetz der Motivation.

Das Gesagte hat daher nun auch auf dem Gebiete des Rechts seine Giltigkeit. Verstehen wir unter dem Recht (im objektiven Sinne) den Inbegriff der Normen, durch welche das äußere Leben der Menschen in ihren Beziehungen zu einander auf eine ihrer sittlichen Natur und Bestimmung entsprechende Weise mit objektiver Geltung bestimmt wird (Wächter), so ist hier der Stoff, auf welchen die abstrakten Allgemeingesetze des Rechts Anwendung finden, jenes äußere Leben der Menschen in ihren Beziehungen zu einander, mit anderen Worten, das soziale Leben der Menschen in seiner konkreten Wirklichkeit. Aus diesem Stoff allein scheint mir auch das bestehen zu können, was an den subjektiven Rechten substantiell ist — eine Behauptung, die ich erst im Fortgang dieser Erörterungen werde erklären und beweisen können. Aber man sieht zugleich, daß dieser Rechtsstoff, d. h. die konkrete Wirklichkeit menschlichen Zusammenlebens keineswegs darin aufgeht, Rechtsstoff zu sein. Was wir hier Rechte, Verbindlichkeiten, Rechtsverhältnisse u. s. w. nennen, ist das Leben selbst in der ganzen Fülle seiner Wirklichkeit, nur in abstrakter Auffassung, betrachtet lediglich von einer der vielen Seiten, von denen es betrachtet werden kann. Es giebt nicht eine Erscheinung des Rechtslebens, die weiter nichts wäre, als dieses.

Der Kauf ist ein Rechtsinstitut im eminenten Sinne des Worts, und doch ist es klar, daß sich der Abschluß eines solchen in der juristischen Betrachtung keineswegs erschöpft. Wirtschaftlich bietet er Seiten, die mit Rechtsfragen nichts zu thun haben. Ob billig oder teuer, ob notwendig oder überflüssig, ob zweckmäßig oder nicht, könnte nur ausnahmsweise auch juristisch von Bedeutung werden. Sodann sind die betreffenden Vertragserklärungen Momente in dem Leben der Kontrahenten, welche der psychologischen Betrachtung eine Seite bieten, sie sind Körperbewegungen, die physiologisch, Sprache, die grammatisch oder phonetisch, vielleicht Schrift, die kalligraphisch betrachtet und beurteilt werden können. Oder nehmen wir einmal ein Rechtsverhältnis mehr dauernder Art. Die offene Handelsgesellschaft beispielsweise ist vom bürgerlichen Recht und dem Handelsgesetzbuch bei uns bis ins Einzelne hinein geregelt, und doch, wie weit bleibt die ausschließlich juristische Betrachtung hinter der Wirklichkeit zurück! Wenn auch alle Mitglieder redlichst bestrebt wären, das zu thun, wozu sie nach ausgedehntester Interpretation des Gesetzes und freiester Berücksichtigung von Treu und Glauben verpflichtet sind, so wäre damit das Schicksal des Unternehmens noch lange nicht entschieden. Von dem Maße des gegenseitigen Vertrauens, von Antipathie und Sympathie, von persönlicher Befähigung hinge alles in viel höherem Grade ab. Und gehen wir ins Einzelne, so zeigt sich wiederum, wie hier Alles im Grunde hinausläuft nicht auf ein Dauerndes, in continenti Verlaufendes, sondern auf einzelne Momente im Leben des Einzelnen, die dann, ebenso wie oben beim Kauf geschildert wurde, der Betrachtung die allerverschiedensten Seiten bieten. Dabei tritt nun hervor, daß dasselbe, was sich unter dem einen Gesichtspunkt als ein einheitliches Ganzes zusammenschließt — hier die Existenz, das Gedeihen oder Verfallen der Handelsgesellschaft — bei anderer Betrachtungsweise sich anders gruppirt oder in seine Atome zerfällt.

So liegt es nun überall. Selbst bei solchen Erscheinungen des Rechtslebens, welche diesem ausschließlich zu dienen bestimmt scheinen, wie beispielsweise bei den Handlungen im Prozeß, ließe sich mit Leichtigkeit das Gleiche nachweisen. Wir kommen somit zu dem Resultat, daß dem Rechte als solchem, d. h. den Rechten und Verbindlichkeiten, den Rechtsverhältnissen, rechtlichen Verbänden als solchen selbständige lebendige Wirklichkeit nicht beikommt. Konkrete Wirklichkeit ist lediglich das gesammte menschliche Leben in den Beziehungen der Menschen zur Körperwelt und zu einander, das Leben, das von den verschiedensten Seiten der Betrachtung unterliegt und je nachdem wir den Standpunkt wählen, sich scheinbar anders gestaltet. Bildlich gesprochen, erscheint so die Rechtsordnung wie ein Netz, das in seinem komplizirten System zusammenhängender Maschen die Fülle der Erscheinungen umspannt. Unter diesem Netze pulsirt das wahre Leben der Menschheit, vielfach von ihm getragen und gestaltet und in seiner Entwicklung bestimmt, oft aber auch beengt und gehemmt und zuweilen die Maschen gewaltsam zerreißend, wenn sie nicht elastisch genug sind, nachzugeben.

Ich will kurz darstellen, wie ich mir den wahren Sachverhalt denke, die nähere Begründung dem Folgenden überlassend. Man mißverstehe mich aber nicht und denke daran, daß ich nur die logische Struktur des Verhältnisses im Auge habe, alle historische Betrachtung aber über den Ursprung des Rechts nicht minder als alle philosophische Spekulation über den inneren Geltungsgrund

und überhaupt über die Idee des Rechts bei Seite lasse. Das Recht (im objektiven Sinn) regelt die Gestaltung der äußeren Gemeinschaft der Menschen, soweit der Staat oder die Gesamtheit oder wie man es sonst nennen will, den Einzelnen zu einem bestimmten Verhalten zwingt. Dieser Zwang kann ein doppelter sein, ein direkter oder indirekter. Dem Schuldner wird die geschuldete Sache genommen, falls er sie nicht freiwillig giebt, der widerwillige Mieter wird mit Gewalt aus der Wohnung entfernt, oder aber es wird der widerstrebende Wille indirekt durch Androhung von Übeln gebrochen, wobei freilich die Drohung wenig ausrichten würde, wenn sie nicht im Übertretungsfall auch zur Wahrheit gemacht wird (daß ich mich hiermit noch nicht auf den einseitigen Standpunkt der Abschreckungstheorie im Strafrecht stelle, brauche ich nach der obigen Verwahrung kaum hervorzuheben). In den weitaus meisten Fällen ist übrigens auch jener direkte Zwang nur indirekt wirksam. Das Recht befiehlt, was es wünscht, und weiß dafür zu sorgen, daß man im allgemeinen vorzieht, es nicht zum Zwange kommen zu lassen. So erscheint die Rechtsordnung als das zusammenhängende, begrifflich durchgebildete, mehr oder weniger komplizirte System von Imperativen, nicht mehr und nicht weniger. Auf eine oft freilich unermeßliche Anzahl von Imperativen läßt sich schließlich jede Rechtsordnung zurückführen. Nach ihrem logischen Bau kann man diese Imperative zwiefach einteilen. Sie sind entweder Gebote oder Verbote, sie lauten entweder kategorisch oder hypothetisch. Beide Einteilungen decken sich nur zum Teil. Sie sind — sowohl als Gebote wie als Verbote — kategorisch, wenn sie ganz allgemein lauten, sie sind hypothetisch, wenn sie, was sie befehlen oder verbieten, von bestimmten Bedingungen, einer bestimmten Gestaltung der Dinge, Thatbestand, abhängig machen. Ob diesen Einteilungen, wozu noch als dritter Einteilungsgrund die obige Unterscheidung zwischen direktem und indirektem Zwang kommen könnte, ein großer Erkenntniswert beizumessen ist, lasse ich dahingestellt. Einerseits ist es ein Leichtes, im sprachlichen Ausdruck eines jeden Verbots die Negative zu verlegen und das Verbot zum Gebot seines Gegenteils zu machen. Du sollst nicht — töten. Du sollst — nicht töten. (Bekanntlich möchte Binding dieser Norm die letztere Gestaltung geben.) Erst ein Zurückgehen auf den sachlichen Gehalt des Imperativs könnte lehren, ob damit dem Sinn Unrecht geschieht. Andererseits lassen sich auch hypothetische

Urteile sehr wohl in kategoriale Form kleiden. Ein Imperativ, der im eminenten Sinne hypothetisch ist, wäre das Gebot, daß wenn Jemand eine Sache kauft, er den Kaufpreis zahlen soll. Nichts hindert mich, das — in der Form kategorisch — dahin auszudrücken, der Käufer einer Sache soll den vereinbarten Preis zahlen. Auch hier können wir nur Aufschluß erhalten, wenn wir auf den sachlichen Inhalt des Imperativs eingehen. Zudem ist der Unterschied zwischen bedingtem und unbedingtem Imperativ auch sachlich kein scharfer. Du sollst nicht töten, nicht beleidigen, lauten ganz allgemein. Du sollst nicht ehebrechen, du sollst nicht stehlen, du sollst nicht als Vormund absichtlich zum Nachteil deines Mündels handeln, du sollst nicht als Mitglied des Aufsichtsrats einer Aktiengesellschaft in der Übersicht über deren Vermögensstand wissentlich den Stand der Verhältnisse unwahr darstellen. Man sieht, wie allmählich die Voraussetzungen sich mehren, unter welchen erst der Imperativ lebendig werden kann, der Kreis der von ihm Betroffenen sich immer mehr verengt, das allgemeine Verbot sich immer spezieller gestaltet. Nur eines will ich noch hervorheben. Wie auch immer der Imperativ lautet, Gebot oder Verbot, kategorisch oder hypothetisch, gelangt er in der Rechtsprechung zur Anwendung, so ist er immer hypothetisch. Jede Rechtsanwendung ist ein Syllogismus, dessen Obersatz den hypothetischen Imperativ, dessen Untersatz den Thatbestand enthält. Das gilt auch von dem kategorischen Imperativ insofern, als es hier zu einer Rechtsanwendung erst kommt, wenn dieser als solcher sich unwirksam erwiesen hat, übertreten ist und nunmehr die Strafdrohung zur Wirksamkeit gelangt. Dann ist die ungehorsame Handlung der Thatbestand, die Bedingung für die effektive Rechtsanwendung.

Das alles wird nun freilich noch vielfach bestritten. Man leugnet, daß der Zwang ein wesentliches Kriterium des Rechts sei, man leugnet, daß sich alles Recht in Imperativen — Geboten oder Verboten — erschöpfe. Auf ersteren Punkt kommt mir hier weniger an. Meiner Überzeugung nach verliert, wer den Zwang als wesentliches Moment fallen läßt, jede Möglichkeit, das Recht gegen andere, ähnliche Gebilde begrifflich abzuschneiden. Wenn man sich aber von gegnerischer Seite auf das Völkerrecht berufen hat, so kann das Nichts beweisen. Mit normalen Rechtssätzen haben wir es im Völkerrecht unbestreitbar nicht zu thun. Es ist die Hoffnung einer empfindsamen Richtung unserer Zeit, daß auch das Völkerrecht demnächst zur vollen Kraft normalen Rechts gelangen möge, daß seinen Rechtsbefehlen auch der Zwang nicht fehle. Zur Zeit ist es noch in der Entwicklung begriffen, und wie auch das Recht im Staate nie stille steht, sondern der Entwicklung unterliegt, so mag auch — das will ich den Gegnern zugeben — in jedem nationalen Recht sich ein ähnlicher, sich noch entwickelnder, noch nicht ausgereifter, mit Zwang noch nicht ausgestatteter Rechtsstoff zu finden sein.

Was dagegen die Behauptung anbetrifft, daß alles Recht lediglich aus Imperativen — Geboten oder Verboten — bestehe, so vermißt hier die herrschende Lehre Wesentliches. Thöl's Einteilung des Rechts in berechtigende, verneinende und begriffsentwickelnde Rechtssätze erfreut sich der Anerkennung weiter Kreise. Auch Windscheid war ihr ursprünglich gefolgt. In den neueren Auflagen seines Lehrbuchs läßt er die begriffsentwickelnden Rechtssätze fallen und stellt neben die Gebote und Verbote drei Arten von verneinenden Rechtssätzen, sowie deklaratorische Rechtssätze.

Brinz unterscheidet Gebote, Verbote und Gewährungen. Sind diese Einteilungen z. T. nicht erschöpfend — wohin z. B. will Thöl die Verbote des Strafrechts bringen — so leiden sie auf der anderen Seite an Überfüllung. Der begriffsentwickelnden, verneinenden und deklaratorischen Rechtssätze sowie der Gewährungen bedarf es nicht neben den Imperativen. Selbstverständlich denken wir nicht daran, das Vorhandensein derartiger Rechtssätze zu leugnen. Jedes Gesetz, jedes Lehrbuch könnte uns sofort eines Besseren belehren. Veräußerungsbefugnis und Übertragbarkeit, Volljährigkeit und Wahlrecht, Kauf, Miete, Testirfreiheit, Erbrecht, wer wollte das Alles bestreiten. Was wir bestreiten, ist nur, daß allen diesen Begriffen und Begriffsentwicklungen eine selbständige Bedeutung zukommt. Sie stehen in ihrer jetzigen Gestaltung als selbständige Gebilde da, in Wahrheit sind sie nur Stücke der Rechts-Imperative, nur als Stücke solcher Imperative gelangen sie jemals zur praktischen Bedeutung und Wirksamkeit.

Das gilt zunächst von Brinz's Gewährungen. Wenn wir von Rechten und Verbindlichkeiten, wie von Dingen sprechen, die existiren, die entstehen und vergehen, die von Hand zu Hand gehen, dauern und sich verändern, wer sieht denn nicht, daß wir da im Grunde nur bildlich reden. Unsere Denkweise kann der sinnlichen Grundlage nun einmal nicht entbehren, wir bedürfen der Anschaulichkeit in unseren Vorstellungen. Wir reden von einer Schönheit, die vergangen ist, und meinen in Wahrheit, daß in irgend einem Thatbestand eine Veränderung eingetreten ist, vermöge deren das früher gültige Prädikat „schön" nicht mehr zutrifft. Wir sprechen von einem Verhältnis zwischen A und B und werden uns garnicht mehr bewußt, daß wir ein räumliches Bild anwenden, daß wir A und B einander gegenüber und mitten dazwischen das stellen, was wir ihr Verhältnis zu einander nennen. Es ist nichts als ein Bild, wenn wir von einem Recht des A sprechen, das ihm zusteht, das er überträgt, veräußert, verwirkt, vererbt. Was in Wahrheit besteht, ist ein konkreter Vorgang an den die Rechtsregel den Imperativ knüpft, daß B dem A dieses oder jenes leisten soll, sei es, daß B dem freiwillig nachkommt, sei es, daß er gezwungen werden muß. Es wird veräußert, wenn ein Thatbestand ins Leben tritt, wonach die Imperative nun nicht mehr für A, sondern für C in Geltung sind. Ein Recht geht unter, wenn ein Ereignis zur Folge hat, daß ein früher in Kraft gestandener Imperativ nun nicht mehr zu Recht besteht. So läuft jede Rechtsanwendung ohne Ausnahme auf die Frage hinaus, findet der vom Kläger (oder Ankläger) in Anspruch genommene Imperativ Anwendung oder nicht, und je nachdem die Antwort lautet, wird der Beklagte verurteilt oder der Kläger abgewiesen, der Angeklagte in Strafe genommen oder freigesprochen.

Die Erkenntnis, daß dem so ist, bricht trotz vielfachen, auch heute noch bestehenden Widerspruchs mehr und mehr durch. Namentlich ist es Thon, der diese Lehre ausführlich begründet hat und zunehmend Anhänger gewinnt. Ich vermag Thon nur in Einem nicht zu folgen. Jede Berechtigung, meint er, selbst diejenige, die im Fall der Verletzung mit dem schneidigsten Straf- und Erfüllungszwang ausgestattet ist, bestehe doch nur in einer Reihe von Imperativen, von denen der folgende stets durch die Nichterfüllung des vorhergehenden bedingt ist, deren letzter aber im Fall der Übertretung jedenfalls folgenlos bleibt[2]):

„Das gesamte Recht einer Gemeinschaft ist nichts als ein „Komplex von Imperativen, welche insofern miteinander verknüpft und verbunden sind, als die Nichtbefolgung der einen „für andere häufig die Voraussetzung des Befohlenen bildet.

[2]) Thon, Rechtsnorm und subjektives Recht. Weimar 1878 S. 8 fg.

„Ein Beispiel möge dies erläutern: Das Verbot: „Du sollst „nicht töten,“ wendet sich an alle der Norm Unterworfene. Wird „er von einem der letzteren vorsätzlich verletzt, so verlangt die „Rechtsanschauung, die sich zur Zeit noch in Geltung erhalten „hat, daß der Mörder um seiner That willen mit dem eigenen „Leben büße. Allein die Hinrichtung des Mörders ist keines„wegs die Rechtsfolge des Mordes. So wenig wie das Gesetz „das Verbrechen zu hindern vermochte, so wenig vermag es an „den Mord ohne weiteres den Tod des Thäters zu knüpfen. „Das Gesetz vermag nur darauf hinzuwirken, daß den Verbrecher „die bestimmte Strafe treffe. Hierzu bieten sich der Rechtsord„nung zwei Wege dar. Sie kann zunächst dem Verbrecher allge„mein den Schutz entziehen, den sie bisher seiner Person zu teil „werden ließ. Die Imperative, welche bis dahin sein Leben so „gut wie das der übrigen schirmten, fallen nunmehr um seiner „That willen hinweg. Sein Leben wird der Willkür eines jeden „preisgegeben; wer ihn erschlägt, handelt keinem Verbote zu„wider. In dieser Weise war im alten Rom der homo sacer, „im altdeutschen Recht der Friedlose, im Mittelalter der dem „Oberacht Verfallene eines jeden Rechtsschutzes bar. Aber dem „entwickelteren Rechtsgefühl widerstrebt es, den Verbrecher um „irgend einer That willen einem jeden preiszugeben. Anderer„seits soll die Strafe des Todes den Mörder sicher ereilen und „nicht von dem Belieben des einzelnen abhängig sein. Darum „werden einmal die den Verbrecher schützenden Imperative nicht „jedermann gegenüber aufgehoben; nur bestimmten staatlichen „Organen gegenüber cessiren sie heute. Diesen letzteren aber „wird zugleich mit dem Dürfen auch die Pflicht auferlegt, gegen „den Mörder einzuschreiten u. s. w. Ein begangener Mord ruft „sonach heutzutage die Imperative wach, welche an die mit der „Strafjustiz betrauten Organe sich richten und die Verfolgung „und Bestrafung des Mörders zum Zwecke haben. Dem pflicht„mäßigen Vorgehen dieser Organe gegenüber fallen zugleich die „Imperative hinweg, welche Freiheit und Leben des Mörders „vor seiner That gegen jedermann und nach derselben noch gegen „jeden Unbefugten schützen. Dies Dürfen und Sollen der staat„lichen Organe ist die Rechtsfolge des Mordes. Befolgen die „gedachten Behörden die an sie ergangenen Gebote nicht, so läßt „auch diese Normwidrigkeit wiederum nur neue Imperative

„lebendig werden: insbesondere Gebote an die vorgesetzte Be„hörde, gegen den pflichtwidrigen Beamten disziplinarisch einzu„schreiten. Und zuletzt schließt sich die Kette mit einem Im„perativ, dessen Nichtbefolgung ohne weitere rechtliche Folge „bleibt."

Hier wird Thon, scheint mir, hyperspekulativ. Das Recht (im objektiven Sinn) ist lebendiger Wille des — nun sagen wir des Gesetzgebers, hinter dem, wenigstens in allen geordneten Staaten, auch die Macht steht. Dadurch bestimmt es die Entschließungen der Staatsangehörigen und zwar in den weitaus meisten Fällen ohne weiteres. Die Zahl der Rechtsverhältnisse, die zum Prozeß führen, ist verschwindend klein im Verhältnis zu denjenigen, die sich glatt erledigen, und die Strafgesetze wirken vorzüglich gerade insofern, als ihnen die beabsichtigte Abschreckung gelingt. Wo aber der Wille des Einzelnen widerstrebt, da tritt die Strafe oder der Zwang ein. Natürlich steht diese von den Staatsbehörden wahrzunehmende, auf Zwang oder Strafe gerichtete Thätigkeit wiederum unter bestimmten Normen. Aus Anlaß der Normübertretung — soviel wird man sagen können — werden diese Normen lebendig, daraus aber das Wesen und gar den eigentlichen Inhalt der Normen d. h. des Rechtswillens zu machen, halte ich für verkehrt. Dieser geht vielmehr direkt auf seine Verwirklichung und es ist m. E. garnicht zu leugnen, daß, wo diese Verwirklichung einmal nicht gelingt, nicht zwar die ideale Rechtsordnung, in ihrer begrifflichen Gestaltung wohl aber der Wille des Gesetzgebers Einbuße erleidet und verletzt wird.

Dies ist indessen weniger wichtig. Die Hauptsache ist, daß die Rechtsordnung nichts ist als ein Komplex von Imperativen. Binding in seiner Kritik des Thon'schen Buchs (Kritische Vierteljahrsschrift Bd. XXI S. 542 f.) vermißt den Beweis dieser Behauptung. Mich dünkt, der Beweis wäre nicht schwierig. Schon eine kurze Erwägung müßte genügen. Jede Rechtsanwendung — und darin liegt die eigentliche und einzige Funktion des Rechts, daß es, mit oder ohne Anrufung des Richters, im Prozeß wie im Leben zur Anwendung gelangt — besteht in der Feststellung derjenigen Imperative, die für das fragliche Sachverhältnis in Betracht zu kommen haben. Im Strafverfahren ist die Frage, ob der Angeklagte gegen einen bestimmten Imperativ verstoßen hat; das Civilurteil forscht nach den Imperativen, die den Beklagten treffen.

und je nachdem wie die Imperative lauten, fällt die Entscheidung aus, die zur Abweisung führt, falls ihn der in Anspruch genommene Imperativ in Wahrheit nicht trifft. Und anders ist es auch nicht im öffentlichen Recht. Wenn auf ein Gesuch um Schankkonzession die Bedürfnißfrage geprüft und beantwortet wird, so geschieht das doch nicht, weil man neugierig ist zu wissen, wie viel Leute an dieser Stelle gern Schnaps trinken möchten, sondern Alles dreht sich um die Voraussetzung, unter der bestimmte Imperative gelten oder nicht gelten würden. Es ist auch klar, warum es so und nicht anders ist. Das geltende Recht erscheint als der Wille des Gesetzgebers. Der Inhalt des Gesetzes — wie immer er lauten mag — strebt nach Verwirklichung, und da das Recht mit freien Menschen zu thun hat (Binding selbst nennt das Recht eine Ordnung der menschlichen Freiheit), wie anders könnte die Verwirklichung erfolgen, als eben durch Imperative. Binding will freilich dieser einfachen Konsequenz entgehen, indem er im Gesetz den Rechtssatz von dem unterscheidet', was er den Gesetzesbefehl nennt. Vergebliches Bemühen!

„Jeder Rechtssatz," sagt Binding, „besteht in Wahrheit aus zwei ganz verschiedenen Sätzen, die man als Ausdruck des Rechtsgedankens und als Ausdruck des Rechtswillens der Quelle bezeichnen kann, besser aber als Rechtsgedanken- und Rechtswillenserklärung bezeichnet. Das Verhältnis dieser beiden Sätze wird am klarsten, wenn man sich vorstellt, daß ein Gesetzentwurf unverändert die Kammerberatung durchläuft, und man sich nun die Frage vorlegt, wodurch das publizirte Gesetz von dem wörtlich ihm gleichlautenden Entwurfe des Gesetzes sich unterscheidet." Nämlich durch einen kleinen folgenschweren Satz: Ich der Gesetzgeber verordne, was folgt. „Faßt man nun diesen zweiten Satz als einen Befehl des Gesetzgebers an seine Unterthanen auf, so kann man die Behauptung „alle Rechtssätze sind Normen" in doppeltem Sinne fassen. Entweder sagt man nur, der zweite Teil jedes Rechtssatzes ist ein Imperativ, ein Gesetzesbefehl; oder man sagt: nicht nur der zweite Satz ist ein Befehl, sondern auch der erste: alle Rechtsgedanken in den Rechtssätzen sind gleichfalls Befehle und durch den Gesetzesbefehl wird ihnen verbindliche Kraft beigelegt. Das Letztere ist offenbar die Meinung Thon's". Es bedürfe unter allen Umständen der Untersuchung, wie weit auch der Rechtsgedanke, der keinen Befehl enthält, durch seine Verbindung mit dem Gesetzesbefehl imperativisch wird. Jedenfalls nicht insofern — meint Binding, gleichzeitig gegen Laband polemisirend — als die Sanktion des Gesetzentwurfs eine Vorschrift für handlungsfähige Menschen in größerem oder kleinerem Kreise enthielte, sich danach zu richten. Denn: „wie würde sich erklären lassen, daß der Rechtssatz entstehen kann, lange bevor er in Kraft tritt, daß es Gesetze gegeben hat, die nie praktisch gegolten haben. Der Befehl, einem Satze als Rechtssatz nachzuleben, ist doch identisch mit dem Befehl, der Rechtssatz solle in Kraft treten; dieser letzte Befehl ist aber ein ganz anderer, als der feierliche Imperativ: ita jus esto. Es ist sehr wohl möglich und garnicht unerhört, daß Gesetze publizirt werden, also zur Entstehung kommen, und über den Tag ihres Inkraftretens garnichts bestimmt wird, daß also der Befolgungsbefehl vollständig mangelt. Über die Schwierigkeit, solche Gebilde mit unseren Vorstellungen vom Rechte zu vereinen, mache ich mir keine Illusion: sie existirten nun aber einmal. Und — lassen wir sie einmal bei Seite! — soviel steht fest, der Gesetzesbefehl, der das Werden des Rechtssatzes, und der andere Befehl, der sein Inkrafttreten anordnet, sind zwei ganz verschiedenartige Befehle: der Gesetzesbefehl ist also ein Befolgungsbefehl nicht, also keine Norm. Er ist überhaupt kein Befehl, er ist eine feierliche Willenserklärung, daß Etwas, was Recht bis dahin nicht war, die Qualität des Rechtssatzes fürderhin an sich tragen soll, er ist ein Schöpfungsakt und der Imperativ ita jus esto erklärt sich nur aus dem Zweifel vor demselben, den er zurückscheucht: er entscheidet die Frage ob oder — ob nicht? Man kann allenfalls befehlen, daß etwas Recht werden soll, denn da ließe sich allenfalls eine Thätigkeit zwecks Ausführung dieses Befehls denken; man kann nicht befehlen, daß etwas Recht sein soll: denn solcher Befehl läßt sich garnicht ausgeführt denken; wohl aber kann man etwas zum Rechte machen."

Der Satz „Ich will, daß etwas Recht sei" könne zum Befolgungsbefehl nur dadurch werden, daß das, was Recht sein soll, ein Befolgungsbefehl ist. „Wenn man also behauptet: Alle Rechtssätze sind Normen, so will dies sagen, der zweite Satz im Rechtssatz, der Gesetzesbefehl ist keine Norm, der erste Satz, der Gedankensatz enthält immer einen Befehl. Diese Behauptung ist wenigstens unmißverständlich, wenn sie sich auch schon jetzt als sehr unwahrscheinlich erweist."

Diese ganze Argumentation Bindings haut vorbei. Es ist gewiß richtig, daß man in einem Gesetz jene beiden Seiten — Rechtssatz und Gesetzesbefehl — von einander unterscheiden kann und daß diese Unterscheidung in mancherlei Beziehung zur Klärung dient, soll nicht geleugnet werden. Im übrigen aber sind Bindings Erörterungen[3]) ein sprechendes Beispiel dafür, wohin es führt, wenn man zwischen Konkretem und Abstraktem nicht genügend unterscheidet. Reden wir von dem in Wirklichkeit bestehenden, irgendwo geltenden Recht, so ist es ganz unmöglich, den Befehl von seinem Inhalt zu trennen. Man kann nicht wollen, ohne irgend etwas zu wollen, man kann keinen Befehl geben, der nicht irgend einen, wenn auch noch so unsinnigen Inhalt hätte. Dabei ist völlig gleichgiltig, ob dieses Wollen oder Sollen mehr oder weniger komplizirten Inhalts ist. Es macht keinen Unterschied, ob wir den Imperativ in einem kurzen Satz auszusprechen vermögen, wie das: Cum nexum faciet mancipiumque, uti lingua nuncupassit, ita jus esto, oder ob das wegen des Umfanges des Befehles nicht möglich ist, wie etwa bei dem — ein ganzes System enthaltenden — bürgerlichen Gesetzbuch. Hier wie dort ist es völlig unmöglich, unter dem konkreten Imperativ, der seines Inhalts entkleidet wäre, sich irgend etwas zu denken. Sprechen wir dagegen von dem Gesetz, indem wir dieses Wort begrifflich auffassen, von dem Gesetz in abstracto, so bleibt zwar völlig dahingestellt, ob dieses Gesetz irgendwo in Wirklichkeit gilt oder nicht gilt, nicht die wirkliche Geltung, wohl aber der Begriff der Geltung gehört untrennbar zum Begriff des Gesetzes. Eine Abhandlung darüber, daß Frauen nicht im Stande sind, die Tragweite von Bürgschaften einzusehen, macht noch kein senatusconsultum Vellejanum aus und ebensowenig steckt in dem decretum Divi Marci lediglich der Gedanke: Wer die ihm gebührende Sache sich durch Eigenmacht verschafft, verdient, daß er seinen Anspruch verliert. Erst das: Ihr Frauen sollt nicht Bürgschaft leisten, wer sich seine Sache durch Eigenmacht verschafft, soll seinen Anspruch verlieren, macht das Gebilde zum Gesetz, zum geltenden, wenn und wo dieses „Soll" wirklich vom

---

[3]) und nicht minder die ganze an Labands scharfe aber sicherlich nur begrifflich gemeinte Scheidung von Gesetzes-Inhalt und -Befehl anknüpfende Polemik.

Gesetzgeber gewollt wird, zum abgeschafften und nur noch im Begriff bestehenden, wo der Gesetzgeber diesen Willen nicht mehr hat, zum blos gedachten und vorgestellten schließlich, wo das Gesetz noch nicht zur Vollendung gekomnen ist. Ich vermag hier überall logische Schwierigkeiten nicht zu erblicken. Daß psychologisch und metaphysisch die Sache nicht so einfach liegt, darauf werde ich noch kurz zurückkommen. Nur Eins will ich schon hier erwähnen.

Binding steht mit diesem Fehler nicht allein da. Derselbe wird vielmehr ganz allgemein begangen. Es ist auch ein ganz interessanter Fehler. Täusche ich mich nicht, so ist es derselbe, den vor uns auf einem anderen Gebiete trotz der Warnung des Aristoteles zwei Jahrtausende gemacht haben, als sie den Erkenntnisgrund mit dem Seinsgrund verwechselten, als sie, in naiver Selbstüberhebung der Kraft unserer Erkenntnis vertrauend, das ganze Dasein mit logischen Formen zu umspannen und in logischen Kategorieen zu erschöpfen dachten, ein Bestreben, das seinen prägnanten und bekanntesten Ausdruck im ontologischen Beweis gefunden hat. Wie dort mit dem Wesen des Seins, versieht man es hier mit dem des Wollens und Befehlens und deshalb kann die Logik mit dem Begriff des Imperativs nicht ins Reine kommen. Sicherlich ist der Imperativ logisches Urteil. Sein Wesen erschöpft sich aber nicht in der logischen Form. Der Befehl in der Rede des Vaters an sein Kind: „Du gehst heute nicht aufs Eis", und der Befehl in der Erzählung des Freundes: Max ist von seinem Vater verboten worden, aufs Eis zu gehen, unterscheiden sich, was ihren mit Logik zu erschöpfenden Gehalt anbetrifft, in Nichts von einander. Worin sie sich unterscheiden, ist nicht etwa die Verschiedenheit des sprachlichen (und insofern allerdings auch logischen) Ausdruckes, nicht die direkte Rede dort, die indirekte hier. Der Freund könnte bei seiner Erzählung auch die direkte Rede des Vaters referirend verfahren. Es ist vielmehr das akute, aktuelle — oder wie man es nennen mag — Willensmoment, das zu jenem ersten Befehl hinzukommt, hier dagegen fehlt, und das jenseits aller Logik liegt, das Konkrete im Gegensatz zum Abstrakten.

Indessen — um zu unserem Thema zurückzukehren — sind es nicht die soeben des Beispiels halber formulirten Imperative: Ihr Frauen sollt nicht Bürgschaft leisten, der Eigenmächtige soll seinen Anspruch verlieren, auf die wir hinauswollen. Die Sache liegt noch etwas tiefer, aber doch nicht so tief, daß es nicht Wunder nehmen müßte, daß Binding und mit ihm Andere sich ihrer Erkenntniß verschließen. Binding führt eine Reihe von Rechtssätzen an, in denen er den Imperativ nicht zu entdecken vermag. Man darf wohl annehmen, daß diese Beispiele mit besonderer Sorgfalt ausgewählt sind, daß hier die Imperative ganz besonders versteckt liegen müssen, und wenn es nun gelingt, sie trotzdem aufzudecken, so darf man wohl den von Binding bei Thon vermißten Beweis als geführt betrachten. Vorher mache ich aber auf Eins aufmerksam. Wir kommen hier zugleich auf das Gebiet der begriffsentwickelnden Rechtssätze Thöls. Daß es je Zeiten gegeben hätte, in welchen sich das Recht, nicht das geschriebene, sondern das in Wahrheit geltende Recht, in einer einigermaßen entwickelten Volksgemeinschaft auf zehn Gebote oder auf zwölf Tafeln beschränkt hätte, hat Ihering wohl mit Recht bestritten. Jedenfalls aber besteht in einer Kultur, wie der unsrigen, das Recht aus einer Fülle von Imperativen, die in ihrer ungeordneten Gesammtsumme eine völlig unübersehbare Masse bilden würden. Ich verweise auf die bekannten Ausführungen Iherings, der den Nachweis geführt hat, wie aus der Masse dieser Imperative das den einzelnen Gemeinschaftliche entnommen und zu bestimmten selbständigen Begriffen verdichtet wird, wie diese Begriffe wieder zu gemeinschaftlichen Gattungsbegriffen zusammengefaßt werden und so fort zu einem kunstvoll verschlungenen System. Aber noch mehr. Die gerade im Gebiet des Privatrechts besonders hervortretenden hypothetischen Imperative geben Veranlassung, den Inhalt der Hypothesen, d. h. den für die Rechtsfolgen in jedem Fall maßgebenden Thatbestand begrifflich zu formuliren. Wenn ein Recht bei Übertragung des Eigentums an beweglichen Sachen für erforderlich erklärt, daß die Sache vom Eigentümer dem Erwerber in die Hände gegeben wird, wenn es bei Grundstücken verlangt, daß der Eigentümer dasselbe verlasse und es dem gegenwärtigen Erwerber einräume, wenn es dann ferner eine körperliche Übergabe in den Fällen nicht für erforderlich erklärt, wo der Erwerber die Sache bereits in Händen hat u. s. w.,[4]) dann bildet es eben einen juristisch relevanten Begriff der Tradition, den es vielleicht auch in bestimmten Sätzen genau definirt. Das Alles geschieht aber nur, um eben den Begriff

---

[4]) Hiermit soll selbstverständlich nicht etwa die historische Entwicklung des Traditionsbegriffs angedeutet werden.

bei der Formulirung der Imperative zu benutzen und so nicht nur eine bequeme Breviloquenz zu erreichen, sondern in der That auch eine Gedankenverarbeitung und -Verdichtung zu erzielen, ohne die ein auch nur annähernd komplizirtes Rechtssystem schlechterdings unmöglich wäre. Lautet mithin heutzutage ein Rechtssatz: zur Entstehung des Pfandrechts an beweglicher Sache ist Übergang des Gewahrsams an derselben auf den Gläubiger erforderlich, so sieht jeder Jurist, daß hier eine ganze Unmenge von Voraussetzungen mit wenigen Worten ausgesprochen werden, nicht um zu ersehen, ob denn nun dieses wunderschöne Ding, das wir Pfandrecht nennen, in Wahrheit existirt und wie es aussieht und sich gebärdet; ein selbständiges Interesse haben diese Fragen ganz und garnicht, es interessirt im Grunde nur, ob der Pfandgläubiger die Imperative, die aus dem Rechte fließen, beispielsweise die Verpflichtung der Konkursmasse auf Herausgabe des Erlöses aus dem Pfandverkauf, für sich in Anspruch nehmen kann oder nicht.

Vergegenwärtigt man sich dies, so wird es leicht sein, bei den Beispielen Bindings zu erkennen, in welchem Zusammenhang sie mit den Imperativen der Rechtsordnung stehen.

Der König hat das Begnadigungsrecht. Was heißt das denn? Schriftlich oder mündlich zu erklären, daß an Diesem oder Jenem die gegen ihn erkannte Strafe nicht vollzogen werde, steht wohl Jedermann frei, und mancher arme Narr im Gefängnis oder Irrenhaus hat solches schon gethan. Wenn aber der König diese Erklärung abgiebt, so treten damit eben jene Imperative außer Kraft, auf denen die Strafvollstreckung beruht. Das ist doch der einzige Zweck des Begnadigungsrechts, sein einziger Inhalt und die einzige Form, in der es sich bethätigt! Der Satz: der König hat kein Abolitionsrecht, hat nur da einen Sinn, wo bisher ein solches Recht bestanden hat. Im übrigen steht er zu den Imperativen der Rechtsordnung in einem ganz analogen Verhältnis, wie der vorige Satz. Hier wird nur der Einfluß auf die Imperative statt bejaht verneint. Der Kaiser hat das Recht der Kriegserklärung heißt: Nicht wenn X oder Y, wohl aber wenn der Kaiser den Krieg erklärt, treten alle jene Imperative in Kraft, die für den Fall des Kriegszustandes zu gelten haben. Die Wahnsinnigen sind unfähig, Rechtsgeschäfte abzuschließen, bedeutet: die Imperative, die an den Thatbestand des Abschlusses eines Rechtsgeschäftes geknüpft sind, treten dann nicht in Kraft, wenn einer der Kontrahenten wahnsinnig war. Was in aller Welt interessirt uns denn die platonische Erkenntnis, daß dieser oder jener Handel nichtig oder giltig ist? Ausschließlich insofern hat das ein Interesse für uns, als es sich fragt, welche Imperative das giltige Rechtsgeschäft in unmittelbarem oder mittelbarem Verfolg auslöst.

Die deutschen Männer über 25 Jahre haben das politische Wahlrecht. Daß mit diesem Satz das Volk, oder wer sonst es war, einen großen Erfolg und eine Machterweiterung errungen hat, ist klar. Darauf kommt es hier aber garnicht an. Für die logische Struktur des Rechts hat der ganze Satz nur die Bedeutung, daß er in einem bestimmten Punkt die Voraussetzungen regelt, unter denen bestimmte Imperative, z. B. Gesetze, Rechtsstellung der Abgeordneten u. s. w. bei uns giltig in Kraft treten oder außer Kraft gesetzt werden.

Binding kann das Alles denn auch nicht ganz verkennen, er meint aber, daß, wer solches annehme, in der unglaublichsten Weise den juristischen Schwerpunkt verschiebe, der in dem Rechte des Kaisers u. s. w. liege, nicht in ganz vagen Pflichten irgendwelcher Personen. Auf den juristischen Schwerpunkt würde hier an und für sich nichts ankommen, wo es sich um den logischen Sachverhalt handelt, und im übrigen ist es nicht Thon, sondern gerade Binding, der sich in vage Ideen verliert. Wir kommen, das können wir unsere Gegner versichern, mit unserer Auffassung stets bei ganz bestimmten Punkten heraus.

Endlich kommt Binding auf einige Artikel der Reichsverfassung (Art. 1, 2, 4—7, 11). Es ist richtig, daß keiner dieser Artikel einen Imperativ enthält, aber so lautet unsere Behauptung auch garnicht, daß sich jeder Satz eines geltenden Rechtssystems „in einen Imperativ verbauen" läßt. Das hat auch Thon — wenigstens wie Binding es meint — niemals behauptet, und ein so handgreifliches Mißverständnis muß bei einem so namhaften Kritiker billig Wunder nehmen. Wohl aber sind alle diese Sätze Stücke von Imperativen, die täglich bald hier bald dort ins Leben treten. Dem Art. 1 der Reichsverfassung fehlt sichtlich jede selbständige Bedeutung. Die Thatsache, daß sich die genannten Staaten zum Reich zusammengeschlossen haben, beruht nicht auf ihm, sondern umgekehrt, erst durch diese Thatsache wurde der Artikel möglich. Er will nur ausführlich und ausdrücklich den Umfang des Bundesgebiets bestimmen und erreicht damit, daß in den späteren Artikeln, in Gesetzen und Urteilen u. s. w. die langweilige Aufzählung der sämtlichen Staaten in nicht mißzuverstehender Weise durch ein Wort ersetzt werden kann. Artikel 2 (innerhalb des Bundesgebiets übt das Reich das Recht der Gesetzgebung nach Maßgabe des Inhalts dieser Verfassung und mit der Wirkung aus, daß die Reichsgesetze den Landesgesetzen vorgehen) macht denn auch von dieser Erleichterung sofort Gebrauch. Dieser und die folgenden Artikel regeln die Voraussetzungen für die Giltigkeit der Reichsgesetze, ihr Verhältnis zu den Landesgesetzen, Umfang der Kompetenz des Reichs u. s. w. Gewiß sind diese Bestimmungen der Ausdruck der zwischen den einzelnen für das staatliche Leben maßgebenden Faktoren herrschenden Machtverhältnisse und hängen mit diesen auf das Engste zusammen. Für die Theorie der Rechte haben sie aber nur den Sinn, daß nach ihnen die Giltigkeit der Reichsgesetze, ihre virtuelle Bedeutung im Verhältnis zum Landesrecht, ihr Geltungsgebiet u. s. w. erkannt wird, sie erscheinen mithin, da, wie wir sahen, jene Gesetze durchaus in Imperativen gipfeln, nur als die Grundlage dieser Imperative. Darüber hinaus kommt ihnen eine selbständige Bedeutung nur insofern zu, als sie sich selbst direkt als Imperative an die mit der Leitung der Staatsgeschäfte, Vorbereitung, Publikation, Ausführung und Durchführung der Gesetze betrauten Organe und Beamten wenden. Eins nur will ich Binding zugeben. Grade in Verfassungsurkunden mögen ja Bestimmungen anderer Art, feierliche Gewährungen und klangvolle Verleihungen, Zusicherungen und Ähnliches mehr zuweilen vorkommen. Die preußische Verfassungsurkunde z. B. hat sich in dieser Beziehung als echtes Kind ihrer Zeit von einem gewissen Pathos nicht freigehalten. Was ich nur leugne, ist, daß solchen Sätzen irgend eine angebbare Bedeutung für das Recht zukommt.

Wenn endlich Binding darauf hinweist, daß Thon von seinem Standpunkt aus nicht zu einem befriedigenden Begriff des subjektiven Rechts gelangen könne, so mag das richtig sein. Welcher Theorie aber, frage ich, ist es denn bisher gelungen, eine Begriffsbestimmung aufzustellen, die die allgemeine Zustimmung oder auch nur die Zustimmung einer überwiegenden Richtung in der Wissenschaft gefunden hätte? Und was bewiese es denn, wenn Binding wirklich Recht hätte? Doch nur, daß das Wesen des subjektiven Rechts nicht oder nicht ausschließlich auf seiner logischen Struktur beruht.

Zum Schluß noch Eins! Binding nennt Thons Theorie eine krasse Naturrechtslehre, weil danach alles erlaubt sei, was nicht durch einen Rechtsimperativ verboten ist. Nichtsdestoweniger drückt er sich zwei Seiten vorher sehr lebhaft folgendermaßen aus[5]):

„Im Rechte lediglich Normen erblicken, heißt, es zur unerträglichen Zwangsanstalt stempeln und seine alleinige Aufgabe in „stets fortschreitender Verringerung freiheitlicher Bewegung finden. „Solche Theorie ist des Rechts nicht würdig, seinem Bestande „selbst aber gefährlich. Wenn jedes neue Gesetz neue Pflichten „bringt zu den ererbten, wo bleibt dem Menschen da die nötige „Luft, um in der Rechtswelt zu atmen und die Lust, sich darin „zu bewegen, wo bleibt das Recht, wenn allein die Pflicht „herrscht. Dem stets heischenden Plaggeist würde die allgemeine „Empörung antworten. Die Zeiten, wo die Pflichten in falschem „Übergewicht über den Rechten gestanden oder wenigstens zu „stehen schienen, sind bei gesunden Völkern dem Ausbruch der „Revolution nur kurz vorausgegangen."

Ich glaube nicht, daß Thon zu so beweglichen Vorhaltungen Anlaß gegeben hat, und ich für meine Person bin mir bewußt, daß ich nicht die Luft verderbe, hoffe vielmehr, zu ihrer Klärung Einiges beitragen zu können. Auch will mich bedünken, daß das Maß der Lust, die wir unter der Rechtsordnung empfinden, einzig davon abhängt, was für Gesetze in Kraft sind, ganz und garnicht davon, wie wir den inneren Bau des Rechts zutreffend erkennen.

Ich will, kurz zusammenfassend, noch einmal versuchen, die diesseitige Auffassung scharf herauszukehren. Wenn Brinz außer Geboten und Verboten auch Gewährungen kennt, wenn Windscheid mit den Geboten und Verboten die verneinenden und deklaratorischen Rechtssätze auf eine Linie stellt, wenn Regelsberger unterschiedslos neben Geboten und Verboten, verneinende Rechtssätze, Gewährungen und Anderes aufzählt, so bestreiten wir nicht das Dasein solcher Rechtssätze, sondern tadeln das Unsystematische der Klassifikation. Das Recht funktionirt in der Weise, daß in jedem einzelnen Fall von denkbarer praktischer Rechtsanwendung ein bestimmter Imperativ auftritt, der ein Handeln oder Unterlassen verbietet oder gebietet: Du sollst nicht stehlen, Du sollst an A 100 zahlen, Du sollst an A diesen Gegenstand

[5]) a. a. O. S. 554. 557.

herausgeben, Du sollst nicht mehr über das Grundstück deines Nachbaren A fahren u. s. w. So lauten die Imperative, an die wir denken. Es sind die mehr oder weniger versteckten, oft erst auf Grund schwieriger Erwägungen aus dem Rechtssystem herauszuschälenden Schlußglieder, auf die jedes richterliche Urteil, jede private Rechtsfindung hinauslaufen muß. In der vollen Summe aller dieser, in unserem Rechtssystem enthaltenen — selbständigen — Imperative erschöpft sich die Rechtsordnung. Neben diesen Imperativen existirt nichts, alles nur in ihnen. Wenn außer ihnen gewährende, verneinende, begriffsentwickelnde Rechtssätze unterschieden werden, so sind diese nur der Form nach selbständig, sie sind Stücke jener Imperative und sachlich unselbständig. Sie kommen nur als Zwischenglieder jener syllogistischen Kette zur Geltung, aus der das richterliche Urteil zu bestehen pflegt. Wenn beispielsweise Regelsberger meint, daß nicht alle Gewährungen ein Gebot oder Verbot zur Folge haben, und sich zum Beweise dafür auf den Rechtssatz bezieht, welcher dem mündigen Gewaltfreien Testirbefugnis zuspricht, so beweist das nur, daß er die diesseits vertretene Auffassung mißverstanden hat. Ein Testament mag Jeder niederschreiben, so gut er's kann und ihn die Laune treibt. Nur darum handelt es sich, ob beispielsweise ein in solchem Testament Bedachter dem Erben gegenüber den Imperativ, daß dieser die Legate auszuzahlen hat, für sich in Anspruch nehmen kann oder nicht, ob für den gesetzlichen Erben A der Imperativ besteht oder nicht besteht, daß er dem eingesetzten Erben B die Erbschaft herausgeben soll.

Ich muß daher auch Bierling[6]) widersprechen, so eingehend und verdienstlich seine diesbezügliche Darstellung[7]) im Übrigen auch unzweifelhaft ist. Mit einer entschieden unklaren Unterscheidung[8]) will er in den unselbständigen, den begriffsentwickelnden, verneinenden und ähnlichen Rechtssätzen zwar nicht Gebote, wohl aber Imperative erblicken.

Dagegen darf ich mich in einem gewissen Sinn auf den großen Namen Iherings berufen. Ihm ist die regelmäßige Form, in der das Recht in den Gesetzen zum Vorschein kommt, die eines

---

[6]) Bierling, Juristische Prinzipienlehre I, Freiburg und Leipzig 1894.

[7]) a. a. O. S. 71—106.

[8]) a. a. O. S. 27 fg.

Gebotes oder Verbotes, es ist das die **unmittelbar** praktische Form des Rechts [9]).

„Die Rechtssätze [10]) sind abstrahirt aus einer Betrachtung der „Lebensverhältnisse und bestimmt, die denselben innewohnende „Natur auszusprechen und sie ihnen zu sichern. Zur Bildung „der rechtlichen Form eines einzigen Lebensverhältnisses müssen „aber oft verschiedene einzelne Rechtssätze zusammenwirken, sie „finden also in dem ihnen gemeinsamen Zweck ihren Ver„einigungspunkt und lagern sich um ihn, wie die Muskeln um „den Knochen. Das in dieser Weise rechtlich geformte Lebens„verhältnis kann seinerseits wiederum in abhängiger Beziehung „zu einem anderen stehen, sich zu demselben verhalten z. B. als „Phase, als transitorisches Moment desselben, wie der Erwerb „und Verlust der Rechte zu den Rechten selbst; oder als Folge, „wie die Succession der Erben in die Schulden des Erblassers „zu der Antretung der Erbschaft; oder als Spezies zur Gattung, „wie der Kaufkontrakt zu den Kontrakten, und diese zu den „Obligationen. Auf diese Weise schießen dann die einzelnen „Rechtsverhältnisse, die als solche Gegenstand abgesonderter recht„licher Beurteilung werden können, wiederum zu größeren „systematischen Einheiten — den Rechtsinstituten — zusammen, „die, um bildlich zu sprechen, uns das feste Knochengerippe des „Rechts darstellen, an das die ganze Substanz desselben in „Rechtssätzen sich anschließt .... Die Rechtssätze treten gewisser„maßen in einen höheren Aggregatzustand, sie streifen ihre „Form als Gebote oder Verbote ab und gestalten sich zu „Elementen und Qualitäten der Rechtsinstitute. So bilden sich „aus ihnen z. B. die Begriffe der Institute, der Thatbestand „der Rechtsgeschäfte, die Eigenschaften der Personen, Sachen, „Rechte, Einteilungen aller Art u. s. w. Ein Laie, der gewohnt „ist, sich einen Rechtssatz in imperativischer Form zu denken, „würde es kaum für möglich halten, welch' bedeutender Teil „des Rechtssystems sich ganz dieser Form entledigen, und eben„sowenig, wie den Rechtsbegriffen, Einteilungen u. s. w. kurz der „dogmatischen Logik eine intensivere praktische Bedeutung inne=

---

[9]) Geist des römischen Rechts. 2. Aufl. Bd. II S. 341.

[10]) a. a. O. 3. Aufl. Bd. I S. 36 fg.

„wohnen kann als den Rechtssätzen. Die Logik des Rechts ist „gewissermaßen die Blüte, das Präcipitat der Rechtssätze; in „einem einzigen richtig gefaßten Begriff ist vielleicht der praktische „Inhalt von zehn früheren Rechtssätzen aufgenommen u. s. w."

Wie wir hier in der theoretischen Erörterung von den letzten Schlußgliedern, den einzelnen Imperativen aus, indem diese sich in Begriffe u. s. w. umbilden und verdichten, zu den höheren Formen geführt werden, so wandert die praktische Rechtsanwendung den umgekehrten Weg von dem juristischen Thatbestande, den Rechtsgeschäften und Rechtsinstituten gelangt sie zu dem Imperativ, der ihr den Inhalt ihres Urteils diktiren muß. Gerade in unserer Zeit erleben wir einen solchen Umbildungsprozeß, wie Ihering ihn schildert, im Großen. Der immer lauter werdende Ruf nach einer allgemeinen Rechtslehre beruht ganz und gar auf der fortschreitenden Erkenntnis, daß in den einzelnen Rechtsgebieten noch zerstreut und vereinzelt Gemeinsames liegt, das es zu erkennen und zu höherer Begriffsbestimmung zusammenzuschließen gilt, die nicht nur die Arbeit auf dem einen Gebiet zugleich fruchtbar für das andere machen soll, sondern neues Licht und neue Erkenntnis — so hoffen wir — verbreiten wird.

Kehre ich von hier zu unserem Ausgangspunkt zurück, wo ich auf die Unterscheidung zwischen Konkretem und Abstraktem, auf die Bedeutung eines Allgemeinsetzes und sein Verhältnis zu dem ihm unterworfenen Stoff hinwies und darauf, daß dieses Alles nicht minder vom Recht und seinem Stoff zu gelten habe, so kann ich mich hier allerdings auf Ihering nicht mehr berufen. Oft freilich scheint es, als habe auch er sich dieser Erkenntnis keineswegs verschlossen:[11])

„Der Gedanke, daß das Recht irgend eines Volkes und irgend „einer Zeit nicht begriffen und beurteilt werden könne, wenn „man es blos von Seiten seiner anatomischen Struktur, als „Rechtssystem erforschen und darstellen will, hat etwas so einleuchtendes, daß man kaum begreift, wie man bei der Be„handlung der römischen Rechtsgeschichte, vor allem der des „Privatrechts, diesen Fehler begehen konnte. Und doch ist dies „in hohem Maße der Fall. Die meisten Darstellungen der „römischen Rechtsgeschichte enthalten nichts als eine Geschichte

---

[11]) a. a. O. 3. Aufl. Bd. I S. 55 fg.

„des Dogmas, d. h. der Gesetzgebung und Doktrin, nicht aber „eine Darstellung des Rechts, wie es in der Wirklichkeit „existirte. Das Dogma entbehrt dabei seines lebendigen „Hintergrundes, es ist herausgerissen aus seinem Zusammen„hang mit der thatsächlichen Welt, in der es den Grund und „die Voraussetzungen seiner Existenz und damit seine Recht„fertigung und sein Verständnis fand .... Der Blick des „Historikers ist von vornherein nicht auf juristische Abstraktionen „und Formulirungen der Vergangenheit gerichtet, sondern auf „das substantielle rechtliche und sittliche Leben derselben in seiner „ganzen Totalität, und jene können ihm daher nie isolirt er„scheinen. Dem Juristen dagegen ist es zur zweiten Natur „geworden, in den substantiellen Verhältnissen nur das rein „Juristische zu bemerken, und sein Blick ist daher, auch wenn er „das Gebiet der römischen Rechtsgeschichte betritt, ausschließlich „und vorwiegend auf den dogmatischen Gehalt richtet."

Ferner[12]): „Die Geschichte mit ihren gigantischen naturkraft„artig wirkenden Mächten läßt sich nicht durch unser theoretisches „Spinngewebe fesseln; wenn sie unruhig wird, zerreißt sie es „mit einem Schlage an allen Stellen und überläßt der Theorie „die Mühe, es im Anschluß an die veränderte Gestalt der Welt „wieder zusammenzuknüpfen."

Einmal gebraucht Ihering vom objektiven Recht das Bild eines Flußbettes, in das sich der Strom der wirtschaftlichen Entwickelung ergießt, so weit und tief in jeder Periode der Rechtsentwickelung, als das Verkehrsbedürfnis es erheischt. Auch seine Definition des subjektiven Rechts — im Gegensatz zu Windscheid's blutlos leerem Abstraktionsgebilde aus der Fülle angeschauter Lebendigkeit gewonnen — stimmt mit meiner Auffassung wohl überein. Aber von einem scharfen Herausarbeiten, geschweige denn einer dogmatischen Verwertung dieser Gedanken findet sich doch keine Spur bei ihm. Gerade seine glänzende Begründung der juristischen Methode, die er — m. E. wenig passend — als naturhistorische bezeichnet, bringt bei der Schilderung des Rechtssystems als lebenden Organismus in ihrer warmen, bilder- und phantasiereichen Sprache jene übermäßige Verwendung der Metapher, jene unmethodische Übertragung der Seins- und Geschehensformen

---

[12]) a. a. O. 3. Aufl. Bd. I S. 108.

des einen Wissensgebietes auf das andere, die wir bei nüchterner Betrachtung und methodischer Untersuchung so weit abweisen sollten, als nur möglich. Niemand wandelt ungestraft unter Palmen. Oft wird man bei Ihering daran erinnert, daß die Jugend des großen Rechtsgelehrten in die Zeiten fiel, wo Hegels Gestirn noch hoch am Himmel stand. Schon Leist[13]) hat treffend darauf hingewiesen, wie leicht hier Schein und Selbsttäuschung unterläuft. Es sei ein Leichtes, meint er, den im römischen Recht bereits voll entwickelten Rechtsinstituten die begriffliche Formulirung, an der es gerade die Römer fehlen ließen, zu verleihen, um dann zu seinem eigenen Erstaunen zu entdecken, wie aus dem Begriff alle jene positiven Rechtssätze wie in einem natürlichen Prozeß sich selbst entfalten, während wir selbst es waren, die sie erst hineinlegten. Mit Nachdruck betont er, daß die logisch-begriffsmäßige Konstruktion nie den Stoff schaffe oder gar selbst Stoff sei, vielmehr nur formale Thätigkeit mit gegebenem materiellem Stoff.

Indessen so lange man nicht vergißt, daß Alles nur bildlich gemeint sei, mag's passiren, und vor Allem ist zu beachten, daß Ihering überall nur vom objektiven Recht spricht. Die Verwirrung ist aber vollkommen, wenn man mit solchen Vorstellungen vom objektiven zum subjektiven Recht übergeht. Das hat — und zwar mit bewußter Absichtlichkeit — Zitelmann in seinem vielgerühmten Werke Irrtum und Rechtsgeschäft gethan:[14])

„Was[15]) wir das objektive Recht nennen, ist eine rein geistige „Schöpfung von uns; die erste Form seines empirischen Auf„tretens ist die der Norm, jedes objektive Recht ist ursprünglich „lediglich ein Komplex von Normen. So richtig dies indeß auch „ist, so kann man sich doch andererseits bald überzeugen, daß „diese logische Form des Rechts erst eine Anfangsstufe ist, die „notwendig überwunden werden muß. Die Normen sind nur „das Material, aus dem die juristische Welt erst aufgebaut „werden soll. Schon die Masse des zu bewältigenden Stoffes allein „verlangt eine begriffliche Fortbildung; welche Schwerfälligkeit „des Begreifens, Behaltens und Ausdrückens würde vorliegen,

[13]) Leist, die realen Grundlagen und die Stoffe des Rechts, Jena 1877 S. 166 fg.

[14]) Zitelmann, Irrtum und Rechtsgeschäft, Leipzig 1879 S. 203 Anm. 157.

[15]) a. a. O. S. 201 fg.

„wenn wir stets alle einzelnen bezüglichen Normen aufzählen „müßten! In andere logische Formen gilt es also, diesen Stoff „zu gießen, was aber liegt da näher, ja was anderes ist nur „möglich, als daß wir dieselben logischen Formen anwenden, in „denen wir die sinnliche Welt erfassen?" (Als wenn das in irgend einer Wissenschaft anders wäre!) „Wie wir den Raum„teil, der sich durch eine Reihe aus- und eingehender Wirkungen „auszeichnet, als Körper erfassen, so verdichten wir auch die „durch eine Reihe ihrem Inhalt nach zusammengehöriger Rechts„normen normirte Stellung der Person zu einem subjektiven „Recht; dieses subjektive Recht erfassen wir nun ebenfalls völlig „mit dem sinnlichen Objektsbegriff. Wie wir den Körper als „etwas anderes, denn eine Reihe von Kräften ansehen, so fassen „wir auch das subjektive Recht als etwas außerhalb jener „Normen auf, wir vergegenständlichen das durch eine Reihe von „Normen hergestellte Verhältnis. Und nicht genug hiermit. „Jetzt wenden wir auf dieses gedachte Ding sämtliche andere „Denkformen, die wir für die sinnliche Welt gebrauchen, eben„falls an. Das Recht ist ganz und geteilt, es ist selbständig „und abhängig, es ist eins und mehrere, wir denken dasselbe „als beharrlich (identisch) trotz des Wechsels seiner Eigenschaften „(daher z. B. der Begriff der Succession in ein Recht); endlich, „was das Wichtigste ist, wir fassen diese einzelnen konkreten als „Dinge gedachten Rechte gerade so wie die Körper selbst mit der „Kategorie der Kausalität auf. Wie die sinnliche Welt sofort „zu einer undisziplinirten Masse regellos umherwirbelnder Atome „würde, wendete man die Denkform der Kausalität nicht mehr „an, so wäre auch die Rechtsordnung ohne diese übertragbare „Anwendung des Kausalgesetzes völlig eine rudis indigestaque „moles; jetzt aber denken wir die Rechte als entstehend und „vergehend, sich verändernd, wie die natürlichen Körper, und für „jede solche Änderung in der Welt der subjektiven Rechte (Rechts„welt) müssen wir ebensogut eine Ursache finden, wie für eine „Änderung in der uns umgebenden physischen und psychischen „Welt, kurz, mit all diesen Denkoperationen bringen wir eine „zweite Welt nach dem Ebenbilde der natürlichen Welt hervor, „wir selbst schaffen die Elemente, aus denen sie besteht, und „verknüpfen diese Elemente dann mit einander; wie die Elemente „selbst nur etwas Gedachtes sind, so sind auch die Verknüpfungen

„lediglich gedacht, aber innerhalb dieser einmal geschaffenen Ge„dankenwelt haben sie durch unseren menschlichen Machtspruch „dieselbe Stellung und denselben Wert, wie in der wirklichen „Welt: es handelt sich im Recht um eine Nachbildung der Natur „im Element des Gedankens .... Es sei noch einmal betont, „daß im Bisherigen immer nur von rein logischen Operationen „die Rede war, die wir an erst von uns geschaffenen gedachten „Objekten vornehmen: es kommt denselben also keine Wahrheit „an sich zu, sie sind subjektive Zuthaten von uns — aber eben „die Zuthat, durch welche die Speise selbst erst genießbar wird: „die Kunst des juristischen Denkens besteht gerade in der An„wendung dieser logischen Formen. Um es noch einmal zu „präzisiren: es ist nachzuweisen versucht worden, daß die gedank„lichen Formen, in denen wir die Masse der juristischen Ver„hältnisse auffassen, dieselben sind, in denen wir die natürlichen „Dinge auffassen, daß es sich also nicht um eine bloße Ver„gleichung, sondern in gewisser Hinsicht um eine Gleichheit „handelt."

Ferner: „Wenn die Norm durch besondere Thatsachen wach„gerufen wird, so müssen diese Thatsachen die Ursachen des „Wachwerdens sein: zwischen der Norm und jenen Thatsachen „besteht ein Kausalverhältnis, jeder einzelne Rechtssatz behauptet „eine Kausalverbindung zwischen gewissen Thatsachen und einem „Sollen im Sinne eines Verpflichtetseins einer Person. ..... „Zwischen dem Eintreten gewisser äußerer Thatsachen und einer „Änderung in den bisherigen subjektiven Rechtsverhältnissen „(beziehungsweise, vom Standpunkt der einzelnen Norm aus, „dem Entstehen eines: „Du sollst", eines Verpflichtetseins einer „oder mehrerer oder aller Personen) besteht eine notwendige Ver„bindung durch den Willen des Gesetzgebers. Diese Verbindung „deckt sich mit keiner der sonstigen Gestaltungen des Satzes vom „Grunde, sie ist weder Motivation noch logische Notwendigkeit, „noch natürliche Kausalität u. s. w., sondern sie ist eine vollständig „eigene, von Menschen geschaffene Art der Notwendigkeit. Wie „wir die Rechte selbst wie Dinge auffassen, so fassen wir diese „Kausalität auch am bequemsten ganz nach Analogie der natürlichen „Kausalität auf."

Hiergegen muß aufs Entschiedenste protestirt werden. Das Alles ist so unmethodisch wie nur möglich, und Zitelmann baut hier auf so verkehrter Grundlage, daß selbst die richtigen Gedanken, die unterlaufen, meist schief herauskommen. Bereits Schloßmann[16]) hat diese Erörterungen einer scharfen aber zutreffenden Kritik unterzogen und statt aller weiteren Ausführungen könnte ich mich auf ihn beziehen. Nur zweierlei möchte ich kurz hervorheben.

Der Schwerpunkt der Zitelmannschen Beweisführung — soweit von einer solchen überhaupt die Rede sein kann — liegt in der Ausführung über den zureichenden Grund für „jene richterliche Erklärung: der Käufer ist verpflichtet zu zahlen" (S. 216 u. f.). Nach langen, nichts weniger als klaren Erörterungen über die Motivation eines solchen Urteils (Zitelmann scheint anzunehmen, daß innere Willenshandlungen einer anderen Form der Motivation unterlägen als äußere!) heißt es: „Zweifellos verlangt man nun für das richterliche Urteil einen solchen allgemeinen Grund nicht seines Vollzogenseins, sondern seines Wahrseins, nicht die (immer und ausnahmslos vorhandene) subjektive Notwendigkeit für den Richter, sondern einen allgemeingiltigen Grund, „der für Jeden das Urteil notwendig machen soll", den Grund der Wahrheit. Ist nun vielleicht die juristische Kausalität nichts anderes als diese logische Notwendigkeit? Ist z. B. wenn die Thatsache der Okkupation einer herrenlosen Sache Ursache des Eigentumserwerbs genannt wird, die Verbindung zwischen beiden Sätzen lediglich die, daß der Erstere Erkenntnisgrund für den Zweiten ist? Sehen wir zu." Nun folgt die Argumentation, daß sowohl die Okkupation als auch der Eigentumserwerb zweifellos Thatsachen seien, daß bei der Verbindung zwischen zwei Thatsachen (d. h. hier realen Vorgängen) ausschließlich von der Kategorie der Kausalität die Rede sein könne, mithin auch bei der Verbindung zwischen Okkupation und Eigentum, zwischen der natürlichen und der juristischen Thatsache nur von Kausalität geredet werden könne, quod erat demonstrandum. Nun fällt es aber keinem Menschen ein, wenigstens wenn er bemüht ist, sich korrekt auszudrücken, die Thatsache der Okkupation die Ursache des Eigentumserwerbs zu nennen. Die Okkupation könnte kausal sein für das Eigentum, niemals aber für den Eigentumserwerb, Eigentumserwerb ist eben die Okkupation, beides sind allerdings Thatsachen, aber sie sind eine und dieselbe identische, bei der es

---

[16]) Grünhuts Zeitschrift für das Privat- und öffentliche Recht. Bd. VII S. 543 fg.

keinen Sinn hat, von einer Kausalverbindung zu reden. Eigentum ist dagegen keine Thatsache[17]) und wenn aus der Thatsache der Okkupation die Nicht-Thatsache des Eigentums fließt, so ist das der beste Beweis, daß von Kausalverbindung nicht gesprochen werden darf, „da eine solche nur zwischen Thatsachen besteht". So gestaltet sich der Beweis Zitelmanns zur striktesten Widerlegung.

Und noch ein Zweites. Ich kann mir wohl denken, was Zitelmann mit jener Existenz von Rechten im subjektiven Sinn und der Kausalität derselben gemeint hat. Gewiß ist es nicht ohne Grund, wenn wir täglich von solchen Dingen reden und mit ihnen in Theorie und Praxis operiren. Wenn A dem B 1000 Mk. gegen Versprechen der Rückzahlung übereignet, so hat A mit seiner nach positivem Recht ihm zustehenden Forderung sicherlich ein Etwas, das nicht ein Nichts ist. Die feste Zuversicht, mit der er auf demnächstige Rückzahlung rechnen kann, und damit seine Forderung, ist ihm oft mehr wert, als der Besitz des Geldes selbst, und Mancher vielleicht ist bereit, ihm gegen Abtretung der Forderung sein gutes Geld zu geben. Muß man denn da nicht sagen, daß hier etwas ist, das Wert hat, das bestehen, entstehen und untergehen, von einer Hand zur anderen wandern kann? Niemandem wird es einfallen, die Berechtigung eines solchen Sprachgebrauchs oder einer solchen anschaulichen Auffassungsweise zu bestreiten. Aber wenn wir in wissenschaftlicher Untersuchung der Sache auf den Grund gehen wollen, dann dürfen wir dabei doch nicht stehen bleiben. Dann gilt's, den Thatbestand in seine Elemente zu zerlegen und dann zeigt es sich, daß wir es keineswegs mit einem einfachen Dinge zu thun haben, wie man bei oberflächlicher Betrachtung meinen möchte, daß in dem Begriff die verschiedensten Fäden miteinander verknüpft sind, die es auszulösen gilt, statt sie in einen Knoten zu verschlingen. Nicht nur bedarf es zur Existenz einer Forderung des rechtsbegründenden Thatbestandes, also um bei unserem Beispiel zu bleiben, der Hingabe des Geldes, der Übereignung desselben, des mehr oder weniger deutlichen Versprechens der Rückzahlung, sondern vor allen Dingen auch der einschlägigen Bestimmung des positiven Rechts, eines Gesetzgebers also, und hinter dem Gesetz muß auch die Macht stehen, die dem Gesetz aller

---

[17]) Der Beweis hierfür kann erst im Fortlauf der Untersuchung geführt werden.

Laune und Willkür gegenüber Nachdruck verschafft. Kurz, es ist das, was wir eine Forderung nennen, mit nichten ein Einfaches, in ihm steckt ein ganzer Komplex von höchst bestrittenen, z. T. völlig problematischen Fragen, die im letzten Grunde bis tief in die Metaphysik führen. Es ist völlig richtig, wenn Zitelmann sagt (S. 224): Diese Verbindung (zwischen dem Eintreten gewisser äußerer Thatsachen und der Veränderung in den bisherigen subjektiven Rechten) deckt sich mit keiner der sonstigen Gestaltungen des Satzes vom Grunde, sie ist weder Motivation, noch logische Notwendigkeit, noch natürliche Kausalität. Zweifellos richtig insofern, als keine der erwähnten Verknüpfungsweisen unserer Erkenntnis für sich allein ausreichen würde, jene Beziehung zu erschöpfen. Ob sie insgesammt dazu im Stande sind, wäre erst erwiesen, wenn uns bewiesen würde, daß die Frage nach den letzten Gründen alles Rechts keine metaphysische ist. Und wenn schließlich die ganze Erörterung Zitelmanns in dem Satze gipfelt, daß wir diese notwendige Verbindung zwischen dem Recht und dem begründenden Thatbestand am bequemsten (!) als Kausalität ganz nach Analogie der natürlichen Kausalität auffassen, so frage ich, was uns mit einer Analogie geholfen ist, deren Berechtigung wir doch in jedem einzelnen Fall, wo wir sie anwenden wollten, erst wiederum prüfen und nachweisen müßten. Sie hat in der That garkeinen Nutzen, sie führt nicht zu dem kleinsten synthetischen Urteil, sie kann nur Schaden anrichten und hat es bereits in genügendem Maße gethan.

Vielleicht habe ich mich hierbei schon zu lange aufgehalten. Ich hätte mich mit dem Hinweise auf die Kritik Schloßmann's begnügen können, wenn nicht der Zitelmann'schen Auffassung von philosophischer Seite eine Unterstützung zu Teil geworden wäre, die hier nicht übergangen werden kann. In direktem Anschluß an die obige Ausführung Zitelmann's hat Schuppe in Grünhu's Zeitschrift für das Privat- und öffentliche Recht der Gegenwart Bd. X, S. 349 ff.[18]) die logische Begriffsbestimmung des Rechts einer Erörterung unterzogen, der ich widersprechen muß, so peinlich es für mich als Laien auch ist, dem Fachmann entgegenzutreten, und so

[18]) Der Begriff des Rechts. Erster Artikel. Diese Abhandlung des Verfassers interessirt uns hier, weil sie speziell die logische Struktur des Rechts behandelt. Spätere Arbeiten desselben Verfassers, insbesondere seine ausführliche Monographie, der Begriff des subjektiven Rechtes, Breslau 1887 IV u. 368, setzen jene Abhandlung voraus und bauen durchaus auf ihr.

sehr ich auch bereit bin, auf diesem im letzten Grunde doch philosophischen Gebiete die Überlegenheit des Gegners anzuerkennen.

Schuppe stimmt Zitelmann — teilweise gegen ihn polemisirend — doch darin vollständig bei, „daß die gedanklichen Formen, in denen wir die Maße der juristischen Verhältnisse auffassen, dieselben sind, wie die, in denen wir die natürlichen Dinge auffassen". Ihm geht aber Zitelmann hier noch nicht weit genug, wenn er hinzufügt: „daß es sich nicht nur um eine bloße Vergleichung, sondern in gewisser Hinsicht um eine Gleichheit handelt". Diese „gewisse Hinsicht" mißfällt Schuppe nicht nur deshalb — worin ich ihm völlig beistimme —, weil sie dem Gedanken die Bestimmtheit und schon damit jeden Wert nimmt. „Hier kann," so sagt Schuppe, „die erkenntnis-theoretische Logik der Rechtswissenschaft einen wesentlichen Dienst leisten, wenn sie diese gewisse Hinsicht aufklärt, indem sie beweist, daß jene Differenz (inbetreff des Trägers oder Substrats), welche der unentbehrlichen Gleichheit im Wege stand, in der That gar nicht vorhanden ist, und indem sie ferner den Begriffen „wirklich und objektiv giltig" einen festen, klaren Sinn giebt und somit die objektive Wirklichkeit und Giltigkeit

1. sowohl der sogenannten „gedanklichen Formen", welche wir in gleicher Weise auf das eigentümliche Material, aus dem das Recht und die Rechte bestehen, wie auf die Erscheinungen der äußeren Natur anwenden, als auch

2. jenes Materials selbst nachweist."

Nun folgt der Nachweis, daß der Begriff des Dinges oder (philosophischer gesprochen) die Kategorie der Dingheit keineswegs auf das rein Körperliche beschränkt ist. Wir nennen auf geistigem Gebiet die Kategorie der Dingheit nur deshalb übertragen, weil wir uns nicht klar machen, was sie im Gebiet der Kausalität bedeutet. Im Sinne des Kritizismus wird des Längeren auseinandergesetzt, wieso diese Dingheit auch dem Nichtkörperlichen mit vollem Recht beizumessen ist. Das Resultat ist (wobei Schuppe von einem eigentümlichen Kausalitätsprinzip ausgeht und daran erinnert, daß und inwiefern den Empfindungen eine objektive Giltigkeit beikommt): Die Dinghaftigkeit besteht in der Einheit, zu welcher eine Mehrheit von Unterscheidbarem durch ganz bestimmte Kausalzusammenhänge sich zusammenschließt; in ihr resp. in ihnen besteht auch der Begriff der Teile, welche — eben in diesem Sinne — zusammen gehören und so das eine Ganze ausmachen, dagegen von allen ihren unmittelbaren Nachbaren im Raum und in der Zeit als nicht zu ihnen gehörige sich abschließen. . . . Wenn wir die verschiedensten Dinge und Erscheinungen als Einzeldinge, als Individuen auffassen, so ist das principium individuationis Raum und Zeit" (was näher ausgeführt wird, hier aber nicht weiter interessiert). Das Resultat ist zunächst, daß „die Dinghaftigkeit des Vertrages keinen größeren Schwierigkeiten unterliegt als die des Kampfes, des Gesprächs, des Sieges und unzähliger anderer Begriffe dieser Art". Noch mehr tritt die Dinghaftigkeit der Ereignisse hervor — und für den Unkundigen noch befremdlicher und beängstigender (?) —, wenn sie ganz wie im Raum verharrende Gegenstände, sogar in die Zukunft hineinreichen, und nun wird der Nachweis versucht, daß auch solche Ereignisse Dinge seien, die ihr Ende z. B. noch garnicht erreicht haben, auf deren Verlauf in mehr oder weniger bestimmter Form wir mehr oder weniger sicher rechnen können: das begonnene Schulexamen, Gelage, Ball, Jahrmarkt, Parade, Gerichtsverhandlung und dergl., sowie im Gebiet des Psychischen (?) der Verein, die ständige Klavierstunde, die Partie, das Kränzchen und schließlich der Staat selbst. „Und wenn nun der Staat nicht etwa die Gesamtsumme seiner Angehörigen oder das Stück Land, welches sie bewohnen, oder das Oberhaupt, vielleicht noch mit seinen Räten und Beamten ist, was kann die Dingheit desselben sein, als die aus einem Komplex vorhandener Bedingungen auf unbestimmte Zeit hin gesicherte Wiederkehr von bestimmten Handlungen innerhalb eines bestimmten Gebietes." „Bei dieser Sicherheit der Wiederkehr dieser einzelnen inneren Ereignisse des Denkens, Fühlens und Wollens, je nach Anlaß und Gelegenheit in der bestimmten, den Individualcharakter ausmachenden Art und Weise, ist auch die Dingnatur dieses Verstandes, Gemütes und Willens völlig klar, nur freilich sind es innerliche Dinge, wie man zu sagen pflegt, in der Seele, im Gegensatze zu den Ereignissen, welche sich sichtbar im Raume vollziehen." Daran knüpft sich, um es kurz zu machen, der Nachweis, daß das Recht im objektiven Sinne in dem Willen eines irgendwie gearteten Subjekts bestehe, der eben allgemein an gewisse Bedingungen (Verträge, Delikte 2c.) bestimmte Folgen geknüpft wissen will. Dieser Wille sei es denn, der, nachdem im Einzelfall die eine oder die andere der obigen Bedingungen erfüllt ist, nunmehr zum Spezialwillen geworden, als etwas dinghaft

Existierendes die Substanz des subjektiven Rechts ausmache. „In einem ersten Sinn besteht die Existenz von Vorstellungen, Gefühlen und Wollungen eben nur darin, daß etwas vorgestellt, gefühlt, gewollt wird, d. h., daß ein Subjekt sich dieser inneren Regungen bewußt ist. Wenn aber doch in jedem Augenblick immer nur weniges das Bewußtsein erfüllen kann und diese Regungen notwendig in mannigfachster Weise abwechseln, so müssen wir einen Begriff der dauernden Existenz jener Dinge verlangen, welcher auch für die Zeit, in welcher sie gerade nicht im Bewußtsein anwesend sind, ausreicht. Und das kann — wenn man sich nicht an mythologisierenden Ausdrucksweisen genügen läßt — kein anderer sein, als die feste, zuverlässige Gesetzlichkeit, mit der diese Ereignisse sofort im Bewußtsein wieder auftreten, wenn eine Gelegenheit ihre Anwesenheit verlangt. Der dauernde Besitz von Kenntnissen, auch wenn man gerade nicht an sie denkt, besteht nur in der Sicherheit ihrer Reproduktion und so auch die stets vorhandene Gesinnung und der aus ihr hervorgehende Wille. So können die beiden Bedeutungen von der Existenz oder dem Bestande eines Rechts sehr leicht unterschieden werden,

1. die Existenz jener einen Gesinnung und des auf ihr beruhenden Willens, welcher an die und die Bedingungen die und die Wirkung geknüpft sehen will und

2. die Gestaltung der räumlich zeitlichen, sinnlich wahrnehmbaren Ereignisse, welche, von den Auffassungen und Gesinnungen von Individuen abhängig, jenem Willen entsprechen und nicht entsprechen kann."

In einem folgenden Abschnitt wird sodann erörtert, daß diesen innerseelischen Vorgängen oder Existenzen keineswegs nur subjektive Geltung zukommt, sondern Objektivität (oder Realität, wie Schuppe mit einer mehr als bedenklichen Lässigkeit im Ausdruck hinzufügt). Es wird gezeigt, daß in Wahrheit eine Scheidung der objektiven Welt von dem Subjekt, das sie betrachtet, nicht möglich ist, daß in jener schon der ganze Gehalt unserer subjektiven Zuthaten enthalten sei, von denen wir nur künstlich abstrahiren können, und daß wir daher unter objektiv nur das von allem Individuellen, Zufälligem der einzelnen Bewußtseinskonkretionen (wie Schuppe das individuelle Bewußtsein anderwärts benennt) Unabhängige, nur dem

Gattungsbewußtsein als solchem Entsprechende anzusehen haben. Kurz, wie man sieht, im wesentlichen Kant'sche Gedanken.

Was ich hiergegen einzuwenden hätte, ist Folgendes. Der kritische Idealismus ist meines Ermessens keineswegs so voraussetzungslos, als er sich den Anschein geben möchte. Er wäre es vielleicht in der Form des Solipsismus, wonach ausschließlich den eigenen Bewußtseinserregungen als denjenigen Dingen, von denen der Einzelne gewisse Kunde erhalten kann, Realität beigemessen werden dürfte. Ernstlich ist diese Lehre kaum jemals aufgestellt worden, was ja auch einen Widerspruch in sich selbst enthalten würde. Der Kritizismus Kants aber und seiner Nachfolger findet eine Grenze beim Problem der Individuation, die er nicht leugnen kann und doch nicht zu erklären vermag. So kann ich mich auch bei den Ausführungen Schuppes des Gefühls nicht erwehren, als stecke in ihnen mehr Metaphysik, als ihr Verfasser zugeben möchte. Das gilt namentlich auch von den Schlußausführungen und von demjenigen Teile der Abhandlung, den ich geneigt bin für das Wertvollste zu halten, was Schuppe bringt, und der in den oben durch gesperrten Druck gekennzeichneten Sätzen gipfelt. Es ist derselbe Gedanke, der meiner bereits angedeuteten Vermutung nach auch den Zitelmannschen Ausführungen zu Grunde liegt. Es ist garnicht zu leugnen, daß in dem, was wir eine Forderung, einen Anspruch nennen, etwas Wertseiendes steckt; jene gewisse Zuversicht auf den Bestand und die Macht der Rechtsordnung, auf der der Wert eines Anspruchs zum wesentlichen Teile mitberuht, ist weit entfernt, ohne Bedeutung zu sein, und wenn man infolgedessen seine Forderung veräußern, verpfänden oder sonst verwerten kann, so ist es durchaus gerechtfertigt, sie als ein wirtschaftliches Gut anzuerkennen, das in einem gewissen Sinn auch Existenz haben muß. Aber gerade darauf kommt es an, sich darüber klar zu werden, in welchem Sinne von einer Existenz die Rede sein kann. Entweder — und dagegen habe ich selbstverständlich garnichts einzuwenden — man faßt den gesamten komplexen Thatbestand rein logisch zu einem begrifflichen Ganzen zusammen und legt ihm in bewußter Metapher nach Analogie der Wirklichkeit Existenz, Anfang, Dauer und Ende bei, oder aber man bildet sich einen neuen eigenartigen Begriff des Seins, in welchem jenes Sein im Sinne der in Raum und Zeit determinirten Wirklichkeit und dieses Gelten rein geistiger Inhalte zu einem einheitlichen Ganzen verschmolzen sind. Das aber kann eben nur geschehen mit Hülfe der Metaphysik, deren Aufgabe gerade darin besteht, die Verschmelzung an sich disparater Dinge zu einem Einheitlichen anzustreben. Präzise Terminologie ist bei so tiefgreifenden Untersuchungen absolut erforderlich, an ihr aber läßt es Schuppe leider sehr fehlen. Schon oben wurde die synonyme Anwendung zweier so grundverschiedener Begriffe wie Objektivität und Realität gerügt, noch schlimmer ist's, wenn Schuppe auf Seite 353 die Begriffe Giltigkeit und objektive Wirklichkeit offenbar als gleichbedeutend behandelt. Ich habe hervorgehoben, daß ich unter dem Konkreten oder Wirklichen alles Geschehen verstehe, was durch Raum und Zeit determinirt erscheint. Es giebt — wenigstens im Bereich menschlicher Erkenntnis — kein Geschehen, das nicht ein Geschehen zu irgend einer Zeit an irgend einer Stelle wäre. Bezüglich der uns umgebenden Materie (fassen wir sie nun idealistisch oder materialistisch auf) ist das klar, aber auch die geistigen Vorgänge gehören dazu, nur daß sie der Betrachtung noch eine andere Seite bieten, daß sie einen Inhalt haben, dem nicht so sehr Existenz (in dem Augenblick wo sie sich abspielen) als vielmehr Giltigkeit im bejahenden oder verneinenden Sinn zukommt, die nicht an Raum oder Zeit gebunden ist. Ob nicht auch jenen Bewegungen der Materie in diesem letzteren Sinn ein Inhalt, eine Bedeutung, eine Giltigkeit beizumessen ist, das ist bekanntlich eines der Probleme der Philosophie. Spinoza hat sich tief in diesen Gedanken versenkt, Schopenhauer baut auf ihm seine Metaphysik auf, und die Forschungen der neueren Psychologie stehen zum Mindesten nicht entgegen, so sehr sie selbst es auch ablehnt, auf diese Fragen einzugehen. Wie dem aber auch sei, bei den seelischen Vorgängen ist jene zweifache Seite, die sie der Betrachtung bieten, garnicht zu verkennen. Wie eigentlich das Verhältnis beider zu denken sei, ist freilich völlig problematisch und vielleicht der Angelpunkt aller Philosophie, für uns genügt es, daß man sie begrifflich unterscheiden kann. Nur mit jener Seite gehören die seelischen Vorgänge der konkreten Wirklichkeit an. Sie existiren, so lange sie im Bewußtsein weilen, aber von einer Existenz kann nicht mehr die Rede sein, sobald sie aus dem Bewußtsein geschwunden sind. Die Gedanken, Entschlüsse und Gefühle liegen nicht etwa aufgespeichert im Gehirn oder im „Unbewußten", von wo sie je nach Bedarf wieder hervorgeholt würden. Eine so plumpsinnliche Vorstellung würde Schuppe der Erste sein abzuweisen.

Was an ihnen dauernd ist, ist nicht die Existenz, sondern ihr Inhalt, ihr innerer Gehalt, ihre Bedeutung, ihre Giltigkeit, oder wie man es nennen will. Daher ist auch die Wiederholung eines Gedankenganges im Bewußtsein Reproduktion nicht etwa von Identischem, sondern nur von inhaltlich Gleichem. Und nun beachte man, wie Schuppe den Beweis jener Existenz auch der rein geistigen Inhalte zu führen glaubt: „In einem ersten Sinn besteht die Existenz von Vorstellungen u. s. w. (s. oben) eben nur darin, daß etwas vorgestellt wird. Wenn aber doch in jedem Augenblick nur weniges das Bewußtsein erfüllen kann und diese Regungen notwendig in mannigfachster Weise abwechseln, so müssen wir einen Begriff der dauernden Existenz jener Dinge verlangen, welcher auch für die Zeit, in welcher sie gerade nicht im Bewußtsein anwesend sind, ausreicht. Und das kann kein anderer sein, als die zuverlässige Gesetzlichkeit, mit der diese Ereignisse sofort im Bewußtsein wieder auftreten, wenn eine Gelegenheit ihre Anwesenheit verlangt." Also weil wir einen Begriff der dauernden Existenz jener Dinge verlangen, darum muß jene zuverlässige Gesetzlichkeit — Existenz sein! Nun, für mich beweist das nichts, ich für meine Person verlange keinen Begriff der dauernden Existenz jener Dinge. Und wie hier Schuppe in metaphysischer Spekulation das Unvereinbare vereint, so ist auch sein Kausalitätsbegriff eine Mischung heterogener Dinge. Zitelmann wollte im Recht von Kausalität wenigstens nur in übertragenem Sinne geredet wissen. Daß damit nichts gewonnen sei, hat Schuppe zutreffend bemerkt. Sein Kausalitätsprinzip aber, das rein und grundsätzlich auch im Recht gelten soll, vermengt nicht nur Kausalität und Motivation, was noch zu ertragen wäre, in ihm steckt auch der Erkenntnisgrund, was uns in die Gefahr versetzt, über Schopenhauer und Kant hinweg bis zu Descartes und Anselm zurückgeworfen zu werden. Ich glaube nicht, daß uns ein so gestaltetes Prinzip — mögen wir es nun Kausalität oder wie sonst nennen — in wissenschaftlichen Untersuchungen fördern kann.

Endlich und vor allen Dingen noch Eins. Selbst wenn Alles, was Schuppe behauptet, richtig wäre, so hätte er doch nicht Recht. Gewiß sollen wir auch in den einzelnen Wissenschaften das Allgemeine und Allgemeinste nie ganz aus den Augen verlieren. Aber man kann nicht immer auf jener Höhe spekulativer Betrachtungsweise verharren, von der aus Schuppe die Rechte und

Rechtsverhältnisse aufgefaßt sehen möchte. Es ist ja herrlich, auf hohem Berge zu stehen, und das Land zu seinen Füßen, Städte und Dörfer, Flüsse und Thäler wie von der Landkarte zu lesen. Aber man wird nicht klüger, wenn man weiter nichts thut. Man muß hinabsteigen und auch das Einzelne studiren, will man das Land in Wahrheit kennen lernen. Oder — um das Bild zu vermeiden — unser Wissen ist in allen Gebieten Stückwerk. Überall und ohne Ausnahme ruht es auf Grundlagen, die durchaus problematisch sind, wir müssen von Voraussetzungen ausgehen, über deren Wahrheit und Unwahrheit die Kraft unserer Erkenntnis schlechterdings nichts auszumachen im Stande ist. Nur darauf kann es daher ankommen, daß wir uns klar darüber werden, was das für Voraussetzungen sind, auf denen wir bauen, und je sicherer sich eine Wissenschaft in Bestimmung dieses Punktes ist, desto höher wird sie in der Rangordnung der Exaktheit stehen. So haben es die Naturwissenschaften gemacht und damit den Ausgangspunkt zu neuem Aufschwung gewonnen, als sie sich entschlossen, die Materie anzuerkennen und auf dem Prinzip der Bewegung der Atome, trotz aller metaphysischen Bedenken dagegen, ihr Lehrgebäude aufzurichten. So zogen sie die scharfe Grenze, hinter die sie alle metaphysischen Zweifel verbannen konnten, um Freiheit zu schaffen für eine Wissenschaft. So leben sie mit vollem Bewußtsein unter einer Duplizität, die, wenn ich nicht irre, Helmholtz kurz und treffend dahin bezeichnete, daß der Materialismus als wissenschaftliche Methode ebenso unanfechtbar sei, wie als metaphysisches Prinzip völlig unannehmbar. So und nicht anders sollte es auch die Rechtswissenschaft halten, nur daß sie natürlich jene Grenzlinie anders bestimmen muß. Nicht Geist und Materie sind für sie der Gegensatz, das soziale Leben der Menschen in allen seinen Beziehungen ist ihr Stoff, sie darf die seelischen Ereignisse, die intellektuellen und emotionellen Vorgänge nicht ausscheiden. Hier ist der Stoff, dessen Gesetze es zu erforschen gilt, nicht die Materie, sondern das Leben, die Wirklichkeit, das in Raum und Zeit determinirte Konkrete, wie ich es oben zu bestimmen versucht habe. Dieses Wirkliche müssen wir anerkennen, genau so wie Physik, Mechanik und Chemie die Materie anerkennen. Hier wie dort wissen wir und geben wir zu, daß unsere Annahme durchaus problematisch ist. Damit gewinnen wir aber auch hier den Raum, wo die Gespenster der Metaphysik umgehen können, soviel sie wollen, ohne uns zu verwirren. Erst wenn das erreicht ist, wird auch die Rechtswissenschaft ihre Zeit der Alchymie und Astrologie überwunden haben, in der sie heute noch tiefer steckt, als mancher ihrer wortreichen Adepten sich träumen läßt.

Und nun bitte ich meine juristischen Leser nur noch einen Augenblick um Geduld, damit ich mein oben mehrfach (S. 10, 25) gegebenes Versprechen einlösen kann. Wenn ich das objektive Recht als ein System zusammenhängender teils kategorischer, teils hypothetischer Imperative bezeichnete und dieses logische System in einen Gegensatz zur konkreten Wirklichkeit brachte, so sollte damit doch nicht behauptet werden, daß das geltende Recht nicht auch in einem gewissen Sinne zur lebenden Wirklichkeit gehört. Es ist lebendiger Wille und hinter diesem steht wirkliche Macht, was wir tagtäglich fühlen können. Man kann, wie ich schon hervorhob, von einer Rechtsordnung in doppeltem Sinn sprechen. Denken wir an eine konkrete, etwa an die bei uns geltende Rechtsordnung, so fehlen selbstverständlich jener lebende Wille und jene wirkende Macht nicht. Reden wir aber abstrakt, so steht völlig dahin, ob jener lebende Wille und jene Macht vorhanden sind, ob sie zu existiren aufgehört haben — das betreffende Gesetz, oder was es sonst ist, aufgehoben ist — oder ob sie nie existirt haben — was bei zukünftigen, vorbereiteten, gedachten Gesetzen der Fall wäre. Was aber ist es nun, worin jenes wirkliche von diesem blos gedachten Gesetz sich unterscheidet? Ich kann das vielleicht am besten an einem ganz profanen Beispiel klar machen. Denken wir an den allgemeinen Befehl, den der Hauptmann in der Kompagnie dahin gegeben hätte, daß jeder Mann um 8 Uhr im Quartier sein soll. Unmöglich kann der Hauptmann stets und dauernd an seinen Befehl denken, und ebensowenig vermöchten es die Leute. Nur krankhafte Gemüter haften dauernd an fixen Ideen. Und doch bindet der Befehl die Mannschaft und wird wirksam, wo immer an den Einzelnen die Versuchung herantritt. Was das ist, was hier wirkt und wie es wirkt, ob es existirt auch zu Zeiten, wo Niemand daran denkt, ob es dauert oder nicht, das ist eine psychologische Frage und ein metaphysisches Räthsel, in der Logik hat die Frage keine Statt. Ganz ähnlich, nur noch problematischer, verhält es sich mit den Befehlen der Rechtsordnung. Sie sind nicht etwa identisch mit den geschriebenen oder gedruckten Exemplaren des Gesetzbuchs, die allerdings eine dauernde Existenz aufweisen, auch nicht mit der authentischen Urkunde des Gesetzes, die im Staatsarchiv ruht. Sie sind lebender Wille, ähnlich wie in dem Befehl des Hauptmanns wirklicher lebender Wille steckt. Wer aber hier der Träger dieses Willens ist, das ist eine neue Frage, die neue Probleme birgt. Bezeichnen wir das Volk, die Gemeinschaft oder die Gesammtheit als diesen Träger, so fragt sich weiter: wo ist hier jene Seele oder jenes Bewußtsein zu finden, das der Seele oder dem Bewußtsein des befehlenden Hauptmanns entspricht? Besteht in Wahrheit — wie mancher Philosoph annimmt — ein Allgemeinbewußtsein, das noch verschieden wäre von der Summe aller Einzelexistenzen? Und wenn es besteht, wo ist es zu finden, wo sind seine Organe, und wie teilt es sich mit? Und wenn nun im Leben des Volkes die einzelnen juristischen Thatbestände in unzähligen Fällen zur Wirklichkeit werden, wie verhält sich hierzu jener allgemein gehaltene und allgemein lautende Wille des Gesetzes? Schließt er sich wirklich — wie man oft hört — in jedem einzelnen Falle zu einer bestimmten existirenden Willens- und Bewußtseinskonkretion zusammen? Thut er es immer und ausnahmslos, oder thut er es nur, wenn und soweit die Beteiligten sich ihrer Rechte und Pflichten bewußt werden? Man sieht ein weites Feld für allerlei Spekulation, aber gar keins — und darauf kommt mir's an — für die Logik. Auch hier trifft der obige Vergleich mit den Naturwissenschaften vollkommen zu. Wie diese die Gesetze der Natur bestimmen, ohne zu forschen, woher sie kommen, und wie sie es anfangen, den Stoff zu beherrschen, so hat auch die Rechtswissenschaft als solche sich der Untersuchung dieser Fragen bei den Normen des Rechts vollständig zu entschlagen, oder sie doch wenigstens von aller exakten Forschung säuberlich zu trennen. Erst, wenn es dahin gekommen sein wird, werden wir die Methode haben, für welche ich im Gegensatz zu Jhering den Namen einer naturhistorischen in Anspruch nehmen würde.

Für den Standpunkt, den die Rechtswissenschaft einzunehmen hat, bleibt es mithin dabei, daß eine Wirklichkeit, d. h. ein Sein oder Geschehen in Raum und Zeit, den subjektiven Rechten als solchen nicht zukommt. Was wir eine Forderung nennen, ist nicht ein Einfaches, das existirt, es ist ein komplexes Gebilde, das wir seinem wahren Wesen nach nur begreifen, wenn wir es in die Elemente zerlegen, aus denen es besteht. Und da zeigt sich denn, daß wir auf der einen Seite allerdings einen Teil der Wirklichkeit, wirklichen Geschehens haben, den rechtsbegründenden Thatbestand, auf der anderen Seite das objektive Recht, ein mehr oder weniger komplizirtes System von Imperativen, unter das — rein logisch — jener Thatbestand zu subsumiren ist, will man den einschlägigen Imperativ erkennen. So ist beim Darlehn die Hingabe des Geldes, das in irgend einer Weise erfolgte Versprechen der Rückzahlung lebendige Wirklichkeit, was daraus folgt — das Bestehen der Darlehnsforderung — vollzieht sich lediglich in rein logischer Gedankenthätigkeit und besteht selbstverständlich auch nicht etwa in der Wirklichkeit, die diese Gedankenthätigkeit da, wo sie bald hier bald dort einmal, in der Erwägung des Schuldners oder des Gläubigers, im richterlichen Urteil, bei der Vorbereitung, Beratung, Verkündung desselben vollzogen werden sollte, allerdings beikommen würde. Es ist kaum nötig, diesen Gedanken noch weiter auszuführen. Beim Kaufe sind die Verhandlungen der Kontrahenten, das Kaufobjekt, die etwa gezahlte Kaufsumme existente Dinge und Geschehnisse, was sich aus ihnen ergiebt, der Inhalt der Actio emti und venditi, redhibitoria, quanti minoris etc. beruht lediglich in logischer Deduktion und wird erst zur Wirklichkeit etwa, wenn der Schuldner dem Rechte „nachlebt".

Vielleicht ist mancher geneigt, für persönliche Ansprüche dieses zuzugeben, nicht aber für das Eigentum und alle übrigen dinglichen Rechte. Hier scheint es, als hätte man in dem Verhältnis des Menschen zur Sache ein materielles in Wirklichkeit existirendes Substrat, das den Stoff jener Rechte ausmacht. Aber auch das muß ich bestreiten. Selbstverständlich gehören jene Beziehungen des Menschen zu den Gegenständen der Außenwelt der Wirklichkeit an, er verzehrt sie, um sich zu nähren, er bekleidet sich damit, um sich zu wärmen und zu schmücken, er umgiebt sich mit ihnen, um sein Heim behaglich und schön zu gestalten, er veräußert sie, um sich deren Wert zu verschaffen, das Alles ist lebendige Wirklichkeit, aber Alles das ist — so parador es klingen mag — noch nicht Eigentum und dingliches Recht. Darauf weist schon der Umstand deutlich hin, daß alle jene Nutzungsformen in ihrem materiellen Gehalt vom Eigentum vollständig unbeeinflußt sind. Mein Wohnen zur Miete unterscheidet sich in Nichts von Deinem Wohnen im eigenen Haus. Wer verständig wirtschaftet, benutzt als Eigentümer seinen Besitz nicht anders wie der Nutznießer, ja, um das dem

Juristen besonders geläufige Beispiel zu wählen, den Eigentumsbesitz erkennt man gerade daran, daß er sich in allen jenen Beziehungen vom Eigentum **nicht** unterscheidet. Versetzen wir uns in Gedanken einmal in einen primitiven Zustand der Rechtlosigkeit, so werden alle jene Nutzungsformen völlig denkbar bleiben, auch wenn es in der That gar kein Eigentum gäbe. Zum Eigentum u. s. w. wird das Verhältnis überhaupt erst dadurch, daß die Rechtsordnung zu seinem Schutze Imperative aufstellt. Könnte die herrschende Lehre sich entschließen, als Eigentum u. s. w. nicht jene realen Beziehungen des Menschen zur Sache, sondern den Inbegriff der zum Schutze dieser Beziehungen geltenden Normen zu verstehen, so wäre der unendliche Streit über das innere Wesen des Eigentums zwar nicht entschieden aber gegenstandslos geworden, der aus dem Halbdunkel seine beste Nahrung zieht, in welches vermöge allerhand mystischer Annahmen, wie Hinauswachsen der Persönlichkeit über sich selbst, Hineinlegen derselben in die sie umgebende Welt, Assimilirung oder Auffaugung des Objekts durch das Subjekt 2c. die Sache geraten ist. Solche Ideen sind keineswegs so ohne Weiteres abzulehnen. Aber sie liegen doch mehr auf ethischem Gebiete und werden allerdings auf die Gestaltung des objektiven Rechts, d. h. auf den **Inhalt** jener Imperative, nicht ohne Einfluß bleiben, die Klarheit der logischen Struktur des Verhältnisses können sie nur trüben.

Die herrschende Lehre stimmt mit dem Vorstehenden, wie gesagt, nichts weniger als überein. Dagegen kann ich mich für wesentliche Stücke meiner Ausführungen auf einen Autor berufen, dessen Werk die ihm gebührende Anerkennung meiner Meinung nach nur deshalb nicht in vollem Maße gefunden hat, weil es nach einem vorzüglichen kritischen Teil einen positiven Aufbau bringt, der allerdings völlig unannehmbar ist. Ich meine **Schloßmann's** Vertrag, wo es auf S. 258 f. folgendermaßen lautet:

„Es ist keine Frage im Recht möglich, in welcher eine Person „ohne Beziehung zu anderen Personen in Betracht käme, weil „die Idee des Rechts und der Gerechtigkeit ein Nebeneinanderbestehen Mehrerer zur ersten und unumgänglichen Voraussetzung hat. Rechtliche Beziehungen zwischen einer Person und „einer Sache sind undenkbar. Da man beim dinglichen Recht „die Beziehung des Berechtigten zu anderen Personen für etwas „Unwesentliches, höchstens in sekundärer und zufälliger Weise

„Mögliches hinstellt, so würde man die Konsequenz nicht zurück„weisen können, daß auch ein von jeder Gemeinschaft mit „Andern isolirter, etwa ein auf dem Erdball ganz allein hausender „Mensch, dingliche Rechte haben könne. Dies zuzugeben, wird „sich schwerlich jemand entschließen. Man kann ein Interesse an „einer Sache haben wegen des Nutzens, welchen sie gewährt; „dadurch wird sie uns zu einem Gute; und der Begriff des „Gutes beruht lediglich auf einer Beziehung zwischen Person „und Sache. Auch für einen völlig isolirten Menschen kann „eine Sache ein Gut sein .... Die rechtlich geschützte Be„ziehung zu einer Sache ist demnach ein rein wirtschaftlicher „Begriff. Der rechtliche Schutz erscheint in Bezug auf das Gut „nur als ein seine Gutseigenschaft verstärkendes Moment. In „diesem wirtschaftlichen Sinne aber ist das Eigentumsrecht an „einem Hause oder an einem Nachen der Art nach nicht ver„schieden von einer hohen Mauer mit starkem Thor, die das „Haus vor Einbruch schützt, oder von einer Kette, mittelst deren „wir den abgestoßenen Nachen immer wieder an das Land „ziehen können.

„Das „dingliche Recht" kann demnach in einer Einteilung der „Rechte nach rechtlichen Gesichtspunkten keinen Platz erhalten. „Liegt nun aber nicht dennoch bei dem rechtlich gesicherten Sach„gute, bei der „rechtlichen Herrschaft über eine Sache" in der „Eigentümlichkeit der dabei möglichen Beziehungen zu Andern „eine Nötigung, hier eine besondere Kategorie von Rechten auf„zustellen? Gewiß hat dieser Gedanke bei der Annahme von „ding„lichen Rechten" als ein verborgener Faktor mitgewirkt; aber, „wie ich glaube, mit Unrecht.

„Untersuchen wir einmal diese Beziehung am römischen Do„minium und analysiren wir beispielsweise den Satz: „Wer ein „herrenloses Grundstück okkupirt, erlangt das Eigentumsrecht an „demselben." Hiermit wird offenbar nicht gesagt: wer okkupirt, „könne auf dem Grundstück wohnen, Fabriken bauen, jagen, „andre Personen von dem Betreten desselben durch einen Zaun „oder durch Wachen zurückhalten u. s. w. Denn alles das kann „auch ein Nichteigentümer, und umgekehrt kann der Eigentümer „an alledem möglicherweise gehindert sein. In jenem Satz liegen „vielmehr folgende Sätze eingeschlossen: Wenn der Okkupant A „durch B oder C oder D, oder irgend einen beliebigen Andern

„aus dem Besitze des Grundstückes verdrängt wird, so verhilft „ihm der Staat auf sein Ansuchen zur Wiedererlangung seines „Besitzes; wenn B, C, D u. s. w. ihn im Besitze beunruhigen, „so schafft ihm der Staat durch Verbote und Strafen gegen die „Störer Ruhe; wird er von irgend jemandem geschädigt, so „zwingt der Staat den Schädiger zum Ersatz. Alle diese und „zahlreiche andere Sätze haben das Eine miteinander gemein, „daß die eine Thatsache der Okkupation als Prämisse überall in „ihnen wiederkehrt. Das Eigentumsrecht, von dem hier die „Rede, ist hier mithin nichts anderes als das Ergebnis einer in „unserer Vorstellung vollzogenen Zusammenfassung aller jener „möglichen Befugnisse zu einem einzigen Gebilde, und dieses ist „gleichsam ein über dem Gute schwebendes, nach allen Seiten „hin zur Abwehr wie zum Angriff stets bereites Wesen, aber „eben nur ein erdichtetes ... Der Begriff „Eigentumsrecht" „ist nur ein terminologisches Hilfsmittel, durch welches wir eine „große Masse von Befugnissen oder Ansprüchen, die einen ge„meinsamen Beziehungspunkt haben, kurz bezeichnen. Darum „können wir aus dem Begriff des Eigentumsrechtes keinerlei „Schlüsse ziehen; sondern wenn wir aus ihm etwas deduziren, „nehmen wir nur aus ihm heraus, was wir bei der Bildung „des Begriffes selbst erst in ihn hineingelegt haben; und so ist „es namentlich eine Selbsttäuschung, wenn man die Verfolgbar„keit der dinglichen Rechte gegen jeden Dritten für eine Folge„rung aus dem Begriff der „dinglichen Rechte" ausgiebt.

„Die Römer hielten es für gerecht, daß, wer eine herrenlose „Sache okkupirt, oder wer unter Konkurrenz bestimmter, sonstiger „Thatsachen (iustus titulus) den Besitz einer Sache erlangt, „und demnächst wieder eingebüßt hat, gegenüber dem A, B, C, „oder wer sonst den Besitz erlangt hatte, den Sieg davontrage; „wenn man also mit Bezug auf diese römische Rechtsanschauung „einen Kollektivbegriff bildet und diesen als Eigentumsrecht be„zeichnet, so ist ihm hiermit von vornherein das Merkmal der „Verfolgbarkeit gegen jeden Dritten mit auf den Lebensweg ge„geben, und dasselbe ist nicht etwa eine notwendige Folge des „„direkten Verhältnisses oder der unmittelbaren Beziehung der „Person zur Sache". Wenn nun aber im Allgemeinen auch „beide, die Beziehung der Sache und die Verfolgbarkeit gegen „jeden Dritten, als Merkmale des dinglichen Rechtes gelten, so

„herrscht doch im Einzelnen über ihr gegenseitiges Verhältnis „und darüber, inwieweit jedes dieser Momente für den Begriff „des dinglichen Rechtes wesentlich sei, die größte Unklarheit. „Will man einen Begriff wie den des dinglichen Rechtes einmal „statuiren, so kann man doch von drei Dingen nur eines an„nehmen: entweder verlegt man das Wesen des dinglichen Rechtes „in das Bestehen einer „unmittelbaren Beziehung der Person „zur Sache“, und dann muß das Fehlen der absoluten Verfolg„barkeit gleichgiltig sein; oder man hält die letztere für das „wesentliche Merkmal und dann kann man bei allein vorhandener „unmittelbarer Beziehung ein dingliches Recht noch nicht als vor„handen annehmen; oder endlich man erfordert das Zusammen„treffen beider Momente. In Wirklichkeit hat man nun aber „das Urteil, daß ein dingliches Recht vorhanden sei, bald auf „diese, bald auf jene Weise begründet, d. h. also: der Begriff „des dinglichen Rechtes ist in der Jurisprudenz kein fest„stehender.“ —

Unzweifelhaft hat Schloßmann die Struktur des dinglichen Rechts zutreffend dargelegt. Worin ich ihm nicht beistimmen kann, ist seine Schlußfolgerung, daß wir deshalb den Begriff desselben aufgeben müßten, daß die Einführung und Verwertung des Begriffs in der juristischen Argumentation vollkommen zu verwerfen sei. Ich vermag das nicht anzuerkennen, nicht nur weil wir in dem Begriff des dinglichen Rechts ein sehr markantes Beispiel jener von Ihering so treffend geschilderten Verdichtung der Rechtssätze zu erblicken hätten, sondern vor allen Dingen weil die Sache nicht bloß von der Seite der logischen Struktur aus betrachtet sein will. Ob in dem ethischen und sonstigen innersten Gehalt unseres Rechts, ob in der Idee des Rechts nicht doch ein Etwas liegt, das zur Annahme unmittelbarer, gegen Eingriffe Dritter allgemein zu schützender Beziehungen des Menschen zur Sache drängt, das auf die Gestaltung der einzelnen Rechtssätze von entscheidendem Einfluß ist und woraus erst alle unsere Rechtsimperative in Wahrheit geflossen sind, das ist die tieferliegende Frage. Wenn Schloßmann oben sagte: „darum können wir aus dem Begriff des Eigentumsrechts keinerlei Schlüsse ziehen; sondern wenn wir aus ihm etwas deduziren, nehmen wir nur aus ihm heraus, was wir bei der Bildung des Begriffs selbst erst in ihn hineingelegt haben“, so fragt es sich doch immer noch, was uns denn bestimmt hat, gerade dieses und nichts anderes in den Begriff hineinzulegen. Darauf kann nur eine tiefgründende Rechtsphilosophie Antwort geben.

Nach allem liegt mithin die Sache so: Im Prinzip herrscht freie Selbstbestimmung des Individuums, Freiheit der Bewegung sowohl im Verhältnis zu den Menschen, als im Verhältnis zur Natur. Diese Freiheit findet ihre Schranken in den von der Rechtsordnung aufgestellten Imperativen, die entweder bestimmt charakterisirte Handlungen schlechthin verbieten (und an die Übertretung üble Folgen knüpfen) oder unter bestimmten Voraussetzungen die Freiheit der Selbstbestimmung insofern beschränken, daß ein bestimmtes Thun oder Unterlassen verlangt und, falls es nicht freiwillig erfolgt, erzwungen wird. Es gestaltet sich die Rechtsordnung zunächst als ein geordnetes Ganzes bestimmter Verpflichtungen und je nach dem, in wessen Interesse die betreffenden Imperative aufgestellt sind, erscheinen als Korrelat jener Verpflichtungen die Berechtigungen, die Rechte. Was wir das Recht der Person auf Ehre, auf Freiheit 2c. nennen, mag, ethisch aufgefaßt, sein was es will, rein juristisch können wir den Inhalt desselben nicht anders bestimmen, als aus dem Inbegriff der Verpflichtungen, die aus den in dieser Richtung geltenden Imperativen fließen. Wenn wir die Rechte des einen Kontrahenten aus dem Darlehn, Kauf, Mandat festzustellen haben, so fragen wir nach dem, wozu der andere, falls er nicht freiwillig leistet, gezwungen werden kann; wir stellen die unter den vorliegenden Umständen maßgebenden Imperative der positiven Rechtsordnung fest und daraus — lediglich daraus — gewinnen wir den Inhalt jener Rechte. Beim Eigentum und den übrigen dinglichen Rechten ist es nicht anders. Ich leugne garnicht, daß wie hier dem Eigentum, so dort dem Recht und der Obligation, dem Schutz der Persönlichkeit 2c. ein positiver Gedanke zu Grunde liegt, der, aus ethischen oder wirtschaftlichen Gesichtspunkten gewonnen, im Recht auch keineswegs verschwinden soll. Woher sollte denn auch sonst, wie schon gesagt, die Rechtsordnung die Motive nehmen, ihre Imperative gerade so, wie sie thut, und nicht anders, zu gestalten. Ich wiederhole immer wieder und hebe es im Gegensatz zu Schloßmann, Thon u. A. scharf hervor, worauf es hier allein ankommen kann, ist die logische Struktur des Sachverhalts. Jene biologischen, wirtschaftlichen, ethischen — sozusagen noch amorphen Ideen werden zu Rechtsinstituten erst gestaltet dadurch, daß sie das positive — gleichgiltig auf welcher Quelle beruhende — Recht durch seine

Imperative gleichsam wie mit Pfeilern, Stützen und Ankern durchzieht und umgiebt.

Was insbesondere das Eigentum anbetrifft, so zeigt sich hier eine interessante Parallele. Wie im Verhältnis des Menschen zum Menschen freie Selbstbestimmung oberstes Prinzip ist, dessen Ausnahmen die Rechtsordnung durch Aufstellung ihrer Imperative fixirt, so ist's auch im Verhältnis des Menschen zur Sache nicht anders. Auch hier ist freie Selbstbestimmung das oberste Prinzip, das nicht aus der Rechtsordnung stammt. Die Rechtsordnung ist nicht diejenige, die segenspendend den Menschen die Güter dieser Welt verleiht. Im Gegenteil, sie beschränkt die freie Willkür im Genuß und ist bestrebt, zur Ausgleichung widerstreitender Interessen die Freiheit des Einzelnen auf ein vernünftiges Maß zurückzuführen, wobei bekanntlich nur gestritten wird, und wohl auch gestritten werden kann, ob sie das von der Vernunft gebotene Maß auch wirklich gefunden hat. Oben wurde hervorgehoben, daß der Unterschied zwischen kategorischem und hypothetischem Imperativ kein scharfer sei. Die Imperative des Eigentums und der dinglichen Rechte nehmen hier eine eigentümliche Mittelstellung ein. Sie sind in persönlicher Beziehung kategorisch, in sachlicher hypothetisch. Wo immer in Bezug auf einen bestimmten Gegenstand der Thatbestand dieser Bedingung, d. h. der Thatbestand einer Erwerbthatsache gegeben ist, gelten nunmehr jene Imperative allgemein gegen jedermann. Für den Einen aber, dem hiernach das Eigentum zusteht, kommt — im allgemeinen — jenes oberste Prinzip der freien Selbstbestimmung im Gebrauch der Sache zur vollen Geltung. Es wäre auch der reichsten Phantasie unmöglich, alle Arten der Verwendung, in denen Sachen menschlichem Bedürfnis und menschlicher Laune dienen können, einzeln und erschöpfend aufzuzählen. Dagegen kann man sehr wohl einzelne bestimmte Arten herausgreifen und unter begrifflicher Formulirung zum Gegenstand besonderer Imperative machen. Das haben bekanntlich die Römer mit sicherem Takt klar erkannt. Den Unterschied zwischen rerum dominium und jura in re haben sie für alle Zeiten maßgebend festgestellt. Er beruht nicht auf sachlichen Bestimmtheiten, auf quantitativen Verhältnissen im Genuß des Rechts, sondern ausschließlich auf der rein logischen Wechselbeziehung zwischen Regel und Ausnahme. Regel ist die unerschöpfliche und im einzelnen nicht festzustellende Fülle der Gebrauchs- und Genußarten, Ausnahme die eine oder die andere begrifflich formulirte und daher in ihrem Umfange erkennbar begrenzte einzelne Art des Gebrauchs oder Genusses. Es ist daher — wie Binding in seiner erwähnten Kritik hervorhebt — allerdings nicht richtig, wenn Thon definirt: Eigentümer einer Sache ist derjenige, welcher gegen den Genuß der Sache seitens dritter Personen in relativ weitestem Umfange durch Normen geschützt wird. Hier ist allerdings das Verhältnis von Eigentum zu dinglichem Recht vielleicht falsch bestimmt, jedenfalls aber nicht scharf formulirt. Im übrigen aber hätte Binding sich gegen die Thon'sche Auffassung nicht so ablehnend verhalten sollen, mit der sich die obigen Ausführungen in vielen Punkten nahe berühren:

„Die Rechtsordnung[19]) wirkt lediglich mit ihren Imperativen. „Denn auf Imperativen oder deren Zurücknahme beruht auch „der gesamte Apparat zur Erzwingung der Norm bez. zur Ahndung „ihrer Verletzung. Folgeweise — und damit gehen wir einen „Schritt weiter — hat es die Rechtsordnung mit dem Genusse, „dessen Ermöglichung ihre Verbote bezwecken, nicht zu thun. Der „Genuß des rechtlich geschützten Gutes gehört niemals zu dem „Inhalte des Rechts. — — — Vergegenwärtigen wir uns an „einem einzelnen Beispiel, wie eine Gesetzgebung verfährt und „wie sich der Zustand vor und nach derselben unterscheidet. Als „das jüdische Volk am Berge Sinai sein Gesetz empfing, war „nunmehr durch das eine Verbot: Du sollst nicht töten! die „Unantastbarkeit der Person verkündet. War bis dahin, wie wir „annehmen wollen, das aus Ägyptenland gezogene Volk noch „ohne Recht gewesen und stand sonach bis dahin der Tötung „eines Genossen wenigstens kein äußerlich bindendes Gesetz ent„gegen, so war jetzt die Tötung durch Rechtssatz verboten, das „Leben des Einzelnen durch dies Verbot und die seiner Über„tretung gedrohten Folgen unter den Schutz der Gesamtheit „gestellt. Aber der Genuß ihres Lebens war für den Einzelnen „hierdurch in keiner Weise verändert. Hatten sie früher geatmet, „gearbeitet, gegessen, getrunken, geruht, so thaten sie nunmehr „genau das nämliche fort. Auch war dies Atmen, Arbeiten, „Essen, Trinken und Schlafen nicht zu einem Rechte erhoben, „während es früher ein solches nicht war. Nur eine Sicherung „war all diesen Lebensäußerungen zu teil geworden durch das

[19]) Rechtsnorm S. 288 fg.

„eine Verbot der Tötung. Sie selbst blieben unverändert dasselbe: dem Rechte indifferente Handlungen. Und nicht anders „liegt die Sache bei uns. Das Recht der Persönlichkeit besteht, „wie wir sahen, aus der Gesamtheit der jetzt weit zahlreicheren „Verbote, welche gemeinsam die Unantastbarkeit der persönlichen „Güter bezwecken. Zum Rechte des Geschützten wird es, insofern „ihm zur Erzwingung jener Normen ein Anspruch gewährt wird. „Aber die einzelnen Lebensäußerungen gehen das Recht auch heute „nichts an. Die Rechtsordnung braucht sie nicht erst zu erlauben; „es genügt, daß sie dieselben nicht verbietet. Denken wir uns „einen Augenblick, irgend eine Rechtsordnung der Welt habe „beides nebeneinander verordnet, einmal: „Niemand darf einen „anderen töten oder verletzen", und daneben noch weiter: „Ein „jeder darf über seine leibliche und geistige Existenz nach Belieben „bestimmen" — so wäre letzteres ein völlig zweckloser und müßiger „Satz. Es würde sich dies zeigen, wenn es der Rechtsordnung „gefiele, die zweite Bestimmung unter ausdrücklicher Aufrechterhaltung der ersteren wieder aufzuheben. Nach wie vor würde „dann ein Jeder leben und alle Lebensfunktionen verrichten. Daß „er früher die ausdrückliche Erlaubnis der Rechtsordnung dazu „hatte und dieser Erlaubnis nunmehr entbehrt, kann ihm recht „gleichgiltig sein. Genug für ihn, wenn er es physisch kann und „wenn es ihm rechtlich nicht verboten ist.

„Den Genuß der rechtlich geschützten Güter selbst wieder als „ein Recht oder als Ausübung eines Rechts aufzufassen, ist hiernach überflüssig und zwecklos." —

Was ich hiergegen einzuwenden habe, ist nach Obigem wohl klar. Auch hier fehlt es an der logisch scharfen Auffassung des Sachverhalts, was dazu führt, daß Thon zwei Dinge auseinanderreißt, die doch nicht sowohl aufs engste zusammenhängen als vielmehr in einem gewissen Sinne völlig identisch sind. Identisch nämlich dann, wenn wir nicht abstrakt reden, sondern die konkrete Wirklichkeit im Auge haben. Wenn A ein eignes Pferd im Stalle hat, das Wochentags im Geschäft benutzt wird und Sonntags ihn spazieren fährt, wenn er auf Grund der geordneten Rechtszustände sicher vertrauen darf, daß Niemand, sei er auch noch so stark, kommen wird, um es ihm zu nehmen, so ist das doch sicherlich Genuß des Eigentums. Und doch ist der Unterschied, den Thon meint, deutlich. Derselbe identische Thatbestand, der hier als Genuß erscheint, wird zum Recht, wenn ich ihn unter dem Gesichtspunkt der zu seinem Schutz aufgestellten Imperative betrachte. Wenn ich die Karte von Ostafrika betrachte, um mir ein Bild von der Größe des Landes zu machen und wenn ich es thue, um den Zug der Grenze zu studiren, so ists in beiden Fällen das identische Bild, das ich vor mir habe. In beiden Fällen übersehe ich manches, Berge, Flüsse, Ortschaften u. s. w. Ich abstrahire aber in beiden Fällen ganz verschieden. Hier richte ich mein Augenmerk ausschließlich auf die Grenzlinien, dort auf den Flächengehalt, beides Dinge, die allerdings aufs innigste zusammenhängen und einander determiniren, aber doch auch wiederum verschieden sind.

Ich muß in diesem Punkt Ihering entschieden den Vorzug vor Thon einräumen, der im Begriff des subjektiven Rechts zwei Momente unterscheidet, ein substantielles, das er Nutzen, Gut, Wert, Genuß, Interesse nennt, und ein formales, den Rechtsschutz, die Klage. Das logische Verhältnis, in welchem diese beiden Momente zu einander stehen, hat freilich auch Ihering nicht aufgedeckt. An der Stelle, wo er — wie ich glauben möchte — mit zwingender Gewalt auf den richtigen Gesichtspunkt geführt worden wäre, bricht leider sein Werk ab, um einer philosophischen Vorarbeit Platz zu machen, die in ihrer breiten Anlage von vornherein wenig Aussicht auf Vollendung bot.

Nach Allem muß ich daher den Vorwurf Bindings allerdings als berechtigt anerkennen, daß in Thons Theorie die Rechte wie Kreise erscheinen, in deren Centrum ein Loch ist, und daß es Thon nicht gelungen ist, dieses Vakuum auszufüllen. Worin er es versieht, ist, daß er eine vollständige Theorie der Rechte zu geben vermeint, während, was er bringt, lediglich das logische Gefüge — das Abstrakteste vom Abstrakten — enthält. Logische Kategorieen — um noch einmal mit Leist zu reden — haben als solche niemals materiellen Gehalt, er muß erst von Außen in sie hineingegossen werden. Dieser Vorwurf trifft meine Ausführungen nicht, die sich von vornherein auf das logische Gefüge des Rechts und sein Verhältnis zu dem Stoff, den es beherrscht, beschränkt haben, so daß auch überall, wo ich von meiner Theorie der Rechte gesprochen habe, der Ausdruck nur in diesem beschränkteren Sinn verstanden sein will. Jenes Vakuum, das bleibt, auszufüllen, wäre Aufgabe einer allumfassenden und tiefgreifenden Rechtsphilosophie. Sie bedürfte eines Kopfes, der mit genialer philosophischer Konzeption das Verständnis für alle menschlichen Regungen und Strebungen verbände, der es verstände, die allerrealsten Dinge mit höchster Spekulation zu durchdringen, der ebenso fest und sicher hier unten auf der Erde einherzuschreiten, wie in dem luftigen Reiche der Metaphysik seiner Einbildungskraft Schwingen zu leihen vermöchte. Freilich, ob das noch Wissenschaft wäre, ist eine andere Frage.

Wo aber die Wissenschaft ihre Grenze erreicht hat, da sollen die Kunst und der Glaube, welche Gestalt sie auch annehmen, das Herz erfüllen. Darum habe ich das Dichterwort zum Motto dieser Arbeit gewählt, deren nüchterner Methodik es so fern zu liegen scheint wie nur möglich: ein Bekenntnis, daß ich mir bewußt bin, den innersten Kern der Frage nach dem Recht mit Wissen nicht erfaßt zu haben, daß ich durchdrungen bin von der Überzeugung, wie sehr alle Überhebung des Rationalismus jeder wahren Wissenschaftlichkeit Feind ist.

II.

Das Recht im Prozeß.

Jura novit curia.

In der vorigen Abhandlung habe ich den Nachweis versucht, daß dem, was wir subjektive Rechte und Rechtsverhältnisse nennen, nicht ohne weiteres etwas Wirkliches, in Wahrheit Existirendes entspricht, daß wir in ihnen begriffliche Gebilde zusammengesetzten Inhalts vor uns haben, die es gilt, in ihre Elemente zu zerlegen, wollen wir über ihr innerstes Wesen Klarheit gewinnen, und die ich bis auf jenen — in jeder Wissenschaft unvermeidlichen — Rest zerlegt zu haben glaube, wo ein weiteres Forschen in exakter Methode nicht mehr möglich ist, wo es gilt, im Vertrauen auf die Erkenntniskraft unserer Seele aufzubauen und je nach persönlichem Bedürfnis in der Gottheit oder im Absoluten, in Religion oder Metaphysik den Grund zu finden, auf dem wir stehen.

Jene Erkenntnis nun — wenn anders es eine solche ist — wird, wie ich offen bekenne, weniger für das eigentliche Gebiet des materiellen Rechts von Bedeutung sein. Dieses nimmt seinen sachlichen Gehalt stets aus den Lebensformen, welche nach Ort und Zeit verschieden, die sozialen Beziehungen der Menschen im Laufe der Geschichte annehmen. Auch ist jene Verdichtung des Rechtsgehaltes zu Begriffen und gleichsam lebenden Gestaltungen, von der Ihering eine so glänzende Schilderung gegeben hat, nicht nur eine bequeme Kurzsprache und Kurzschrift. Ich bestreite der juristischen Konstruktion und wissenschaftlichen Theorie garnicht das Recht, aus dieser Rüstkammer ihre Waffen zu holen, wie ich ja auch der Art und Weise nicht beistimmen konnte, in der Schloßmann den Begriff des dinglichen Rechtes vernichten möchte. Man kann nicht immerfort Erkenntnistheorie treiben. Es gilt, die Synthesen der Elemente nicht nur zu vollziehen, sondern auch die vollzogenen zu verwerten. Denn so gerade ist der menschliche Geist beschaffen, daß er nicht in anschaulicher Plastik das Gesammte seiner Erkenntnis beherrscht; in der Zeit nur leben wir, und im diskursiven Denken allein gelangen wir zu einer Wissenschaft.

Bedeutungsvoll dagegen muß eine klare Einsicht in das logische Gefüge der Rechte werden, wo es gilt, mit diesen Gebilden praktisch zu operiren und zu rechnen, in der Anwendung des Rechts auf das konkrete Leben, in dem interessanten Grenzgebiete zwischen materiellem Recht und Prozeß, das wir als das materielle Prozeßrecht zu bezeichnen pflegen. Es kann nicht die Absicht dieser kurzen Abhandlung sein, eine vollständige und systematische Darstellung dieses Rechtsgebietes zu bringen; nur die wichtigsten Fragen sollen kursorisch an der Hand der obigen Ergebnisse einer Erörterung unterzogen werden, und damit hoffe ich zugleich den versprochenen Nachweis zu erbringen, daß jene scheinbar so theoretischen Untersuchungen von unmittelbar praktischer Bedeutung sind.

Alle Rechtsanwendung beruht auf einem Syllogismus, in welchem einer der allgemeinen Rechtssätze als Obersatz, der zur Entscheidung stehende Thatbestand als Untersatz, die Entscheidung schließlich als vollzogener Schluß erscheint:

Der Käufer einer Sache hat den Kaufpreis zu zahlen und vom Tage der Lieferung an zu verzinsen.

A hat an B ein Pferd für 1000 Mk. verkauft und am 1. April 1896 geliefert.

B hat an A 1000 Mk. nebst 5 % seit dem 1. April zu zahlen.

Wer vorsätzlich eine Sache zerstört, soll den entstandenen Schaden ersetzen.

A hat den Hund des B im Wert von 500 Mk. vorsätzlich erschossen.

A hat an B 500 Mk. zu zahlen.

Es zeigt sich, daß der Richter bei seiner Entscheidung auf zwei Stoffmassen angewiesen ist, die sich ihrer Natur nach durchaus und streng voneinander scheiden: die allgemein geltende Rechtsordnung auf der einen Seite, auf der anderen der Thatbestand, d. h. irgend ein Stück der konkreten, unter Umständen wohl auch in der Gegenwart, meist aber in der Vergangenheit liegenden Wirklichkeit, ein mehr oder weniger komplizirtes, zeitlich und örtlich determinirtes Faktum. Darauf aber auch allein ist der Richter angewiesen, irgend etwas außer dem Einen oder Anderen oder zwischen Beiden Existirendes kann für ihn nicht in Frage kommen. Beide Arten aber von Materien, aus denen das Urteil gefunden wird, unterscheiden sich grundsätzlich dadurch, daß der Richter in Bezug auf die eine ausschließlich, in Bezug auf die andere dagegen ganz und garnicht auf die Thätigkeit der Parteien angewiesen ist. Von letzterem giebt es bekanntlich nur die eine, mehr scheinbare als wirkliche Ausnahme, daß beim Nachweis von ausländischem und Gewohnheitsrecht der Richter die Hilfe der Parteien in Anspruch nehmen kann, von jenem giebt es überall keine Ausnahme, auch die notorischen Thatsachen zeichnen sich nur dadurch aus, daß sie keines Beweises bedürfen, nicht dadurch, daß sie von Amtswegen zu berücksichtigen wären.

Nun liegen freilich die Verhältnisse nicht immer so einfach, wie in obigen Beispielen. Oft wird es nicht leicht sein und ausführlicher Erörterung und Begründung bedürfen, festzustellen, unter welchen allgemeinen Rechtssatz ein gegebener Thatbestand zu subsumiren ist. Es gilt das von den Parteien herbeigeschaffte thatsächliche Material begrifflich zu erfassen. Es fragt sich, ob das von den Parteien Behauptete Kauf ist oder Kommission, ob Werkvertrag oder Dienstmiete, ob Gesellschaft oder Mandat u. s. w. Worauf es ankommt, ist, daß auch die Bildung der einzelnen Begriffe, die Definitionen u. s. w. Stücke der allgemeinen Rechtsordnung sind, sei es nun, daß sie im geschriebenen Recht ausdrücklich formulirt erscheinen, sei es daß sie aus dem Zusammenhang des Ganzen erst wissenschaftlich zu ergründen sind. Auch diese begriffliche Formulirung eines gegebenen konkreten Thatbestandes, ist durchaus Sache der Rechtsanwendung, erst mit ihrer Hilfe kann es gelingen, den im einzelnen Fall anwendbaren speziellen Obersatz des verlangten Syllogismus festzustellen, um alsdann mit der Unterordnung des rein faktischen Thatbestandes zum Schlußsatz zu gelangen.

Es ist allerdings richtig, daß außer dem Richter auch jeder andere Jurist und in einfachen Dingen jeder Laie im Stande ist, diese Subsumption des Thatbestandes unter die Rechtsgebote vorzunehmen, er muß es thun, wenn er sich über seine Rechte und seine Verbindlichkeiten klar werden will, doppelt sorgfältig soll er's thun, bevor er sich entschließt, sei es als Kläger oder Beklagter, es auf einen Prozeß ankommen zu lassen. Daran aber hat der gemeinrechtliche und der moderne Prozeß festgehalten, daß die Partei die von ihr unternommene Subsumption in den Prozeß nicht einzuführen braucht, daß, wenn sie es thut, ein Fehler in ihr vollkommen unschädlich ist. Das will der alte — in seiner ganzen Tragweite aber, wie ich glaube, auch heute noch nicht erkannte — Spruch: jura novit curia, oder der gleichbedeutende: da mihi factum, dabo tibi jus besagen.

So selbstverständlich das nun auch alles klingen mag, so befinden wir uns doch im Grunde schon auf einem der umstrittensten Punkte des neueren Prozeßrechts. Es ist die Frage nach dem Klagegrunde oder dem Grunde des Anspruchs, wie die Reichszivilprozeßordnung sich ausdrückt, in der sich die Meinungen schroff und unversöhnt gegenüberstehen. Wir haben hier eins jener interessanten Probleme vor uns, über die sich die Wissenschaft in zwei Lager gespalten zu haben scheint. Wenn man die Reihen der Kämpfenden mustert: hüben wie drüben die klangvollsten Namen: Struckmann u. Koch, Wilmowsky u. Levy, Gaupp, Puchelt, Schollmeyer, Planck, Staub auf der einen, Wach, Fitting, Plosz, Eccius, Petersen, Sarwey, Hinschius, Alexander-Katz, Schultze, Birkmeyer, Nessel, Cosack, Fuchs, Bolgiano, Schmidt, Oetker und Fischer auf der anderen Seite (citirt nach den Literaturangaben in Seufferts Kommentar). Während die Ersteren, denen auch wir uns anschließen, unter dem Grund des erhobenen Anspruchs den Inbegriff der klagebegründenden Thatsachen erblicken und somit, wie es genannt wird, Substantiirung des Anspruchs verlangen, wollen die Anderen den Grund des Anspruchs in dem Rechtsverhältnis sehen, aus dem der Anspruch fließt, sie begehren Individualisirung des Anspruchs. Nun wäre es aber doch, was die letztere Ansicht anbetrifft, im hohen Grade merkwürdig, wenn wirklich unsere Prozeßordnung ein derartiges Verlangen an die Parteien stellte. Wir sahen, daß ein Rechtsverhältnis keineswegs ein an sich existirendes Ding ist, es führt nur ein begriffliches Dasein und zu seiner Feststellung können wir nur dadurch gelangen, daß wir auf bestimmte Thatsachen und Ereignisse die Regeln des bestehenden Rechts anwenden. Die Rechtsanwendung ist aber im Prozeß eben nicht Sache der Parteien, sondern ausschließlich des Gerichts: jura novit curia! Und doch sollte die Prozeßordnung im § 230 und anderwärts den Parteien eine Verpflichtung zur Rechtsanwendung auferlegen? Das wäre angesichts der Prinzipien, die den modernen Civilprozeß tragen, etwas ganz Unerhörtes. Ja noch mehr! Den Parteien ist die

Rechtsanwendung natürlich nicht verboten und es ist ihnen unbenommen, ihre Rechtsanwendung und Rechtsauffassung in Form von Deduktionen dem Richter entgegenzubringen. Es ist aber unbezweifelten Rechts, daß gleichwohl der Richter völlig freie Hand behält, daß die Deduktion einer Partei niemals präjudiziren kann. Begründen nur die vorgetragenen Thatsachen den Anspruch, so kommt nichts darauf an, ob der Kläger sie richtig oder falsch unter das Recht subsumirt hat. Mit anderen Worten: unsere Prozeßordnung schriebe, indem sie die bestimmte Angabe des Grundes des Anspruchs verlangt, eine Subsumption vor, bei der sie gleichwohl nicht den geringsten Wert darauf legte, ob sie richtig oder grundfalsch ist! Das halte ich für völlig unmöglich. Unsere Gegner werden freilich erwidern, so sei es nicht gemeint, ein Irrtum in der Benennung des Rechtsverhältnisses sei unschädlich, es komme nur darauf an, daß es mit genügender Deutlichkeit in seiner individuellen Bestimmtheit bezeichnet werde. Das sei bei obligatorischen Rechtsverhältnissen allerdings nicht anders möglich als durch mehr oder weniger eingehende Bezeichnung der begründenden Thatsachen und insofern habe auch die ganze Streitfrage für das Obligationenrecht keine oder doch nur untergeordnete Bedeutung, hier herrsche eigentlich keine Differenz, anders aber bei dinglichen Rechten, insbesondere beim Eigentum. Zunächst möchte ich dem gegenüber Dernburg beistimmen, der ganz im Gegensatz hierzu hervorhebt, daß für die praktisch, besonders bedeutsamen Fragen nach Klagänderung und Rechtskraft unserer Kontroverse gerade bei persönlichen Ansprüchen erhöhte Bedeutung beizumessen sei [1]). Sodann treffen unsere Bedenken die gegnerische Meinung auch in Bezug auf dingliche Rechte und Eigentum in nicht geringerem Maße. Auch das Eigentum u. s. w. führt nur eine begriffliche Existenz. Hier ist allerdings die eigentümliche Beziehung des Rechtsverhältnisses zu einem bestimmten Objekt der sichtbaren Außenwelt besonders geeignet, den Schein einer sinnfälligen Existenz hervorzurufen, einen Schein, der in der Lehre vom Eigentum denn auch viel Unklarheit und Streit hervorgerufen hat. In Wahrheit ist es aber auch hier nicht anders, als bei jedem Rechtsverhältnis. Das Eigentum des A an diesem oder jenem Stück kann ich nur feststellen, indem ich irgend einen konkreten

[1]) Dernburg, Preußisches Privatrecht Bd. I § 137 5. Aufl. S. 301.

Thatbestand (Erwerbthatsache) unter die bezügliche Rechtsregel subsumire. Wer also im Prozesse „Eigentum" behauptet, thut mehr als er nötig hat, und läßt's am Besten fehlen, wenn er weiter nichts thut. Es liegt hier keineswegs anders als bei persönlichen Klagen. Es klagt beispielsweise Jemand auf Herausgabe von Sachen, die er durch Beerbung seiner Ehefrau zu Eigentum erworben zu haben behauptet (rei vindicatio). Im Prozeß ergiebt sich, daß er auf Grund einer jener gemeinschaftlichen Testamente geerbt hat, welche scheinbar gegenseitige Erbeseinsetzung mit fideikommissarischer Substitution der Anverwandten, in Wahrheit aber direkte Einsetzung der Anverwandten und Vermächtnis des Nießbrauchs an den Überlebenden verfügen. Ich glaube nicht, daß irgend ein Gericht auf den Gedanken käme, die sich rei vindicatio nennende Klage abzuweisen, weil sie richtiger als actio confessoria hätte angestellt, oder vielmehr bezeichnet werden müssen. Ich meine, daß die Gegner dem Dilemma nicht entgehen können, das für sie in diesem Beispiel liegt. Sie halten es für genügend, wenn der Kläger als Grund des Anspruchs in der Klagschrift das Eigentum angiebt. Sie müssen also entweder gestatten, daß der Kläger kurzer Hand die vindicatio mit der confessoria vertauscht (eine eklatante Klagänderung) oder aber sie müßten abweisen, weil der Kläger die rechtsbegründenden Thatsachen lediglich falsch subsumirt hätte, der Kläger unterläge lediglich wegen einer falschen Rechtsdeduktion, was anerkanntem Prozeßrecht durchaus widerstreitet. Ich sehe selbstverständlich von dem Fall ab, daß der Kläger ausdrücklich dabei verharrt, daß er sich für den Erben und Eigentümer hält und nur die rei vindicatio anstellen wolle.

Eins ist hierbei aber wohl zu bedenken und vielleicht geeignet, manchen Widerspruch, der noch bestehen möchte, zu beseitigen. Es ist oben darauf hingewiesen worden, wie wir nicht im Stande sind, bei Auffassung selbst ganz konkreter Vorgänge der Abstraktionen zu entbehren. Wir können wohl die Sinneserregung als reine Empfindung objektiviren, aber schon zur Bildung auch nur der einfachsten Vorstellung verwenden wir notgedrungen begriffliche Momente, und in erhöhtem Maße bedürfen wir dieser, wenn es gilt, irgend einen konkreten Vorgang in das Ganze unserer Erkenntnis einzureihen und damit ihm eine Gestalt zu verleihen, die uns überhaupt erst in den Stand setzt, ihn Anderen mitzuteilen. Wir haben auch gesehen, daß diese Einordnung des Geschehenen in die begrifflich darstellbare Welt verschieden ausfallen kann, je nach dem Standpunkte, den wir bei der Auffassung der Thatsachen wählen; da ist es denn auch selbstverständlich das Natürlichste, daß wir bei Rechtsgeschäften und Rechtsvorgängen, um die es sich eben im Prozesse handelt, von vornherein den juristischen Standpunkt einnehmen; es sind die juristischen Begriffe und Kategorieen, deren wir uns vorwiegend auch bei der Wiedergabe des rein Faktischen zu bedienen pflegen. Wenigstens von den geläufigsten Vorgängen des täglichen Lebens und Verkehrs gilt das durchaus. Wir sprechen davon, daß wir dieses oder jenes gekauft, gemietet haben, von Verträgen, die geschlossen, von Wechseln, die gezogen sind, von Bürgschaften und Pfändern, die bestellt wurden. Wir merken meist garnicht, daß wir uns in Begriffen bewegen und in Wahrheit doch konkrete Thatsachen meinen. So reden und schreiben denn auch die Parteien im Prozeß. Dagegen ist garnichts einzuwenden. Zwar daran ist festzuhalten, daß in jeder Redewendung dieser Art schon eine Subsumption von Thatsachen unter Rechtsbegriffen liegt, die sich an und für sich wohl vermeiden ließe. Man würde aber, wollte man hier grundsätzlich verfahren, unausstehlich breit und langweilig werden müssen. Nichts ist daher dagegen zu sagen, so lange ein solcher Sprachgebrauch unschädlich ist. Wenn A verkauft zu haben behauptet und B redhibitorische Mängel rügt, dann brauchen wir der Frage, in welchen Thatsachen der Kauf zu finden ist, nicht weiter nachzugehen. Ganz anders aber liegt es — und hierin ist Theorie wie Praxis lange nicht scharf genug, hier steckt die Wurzel unendlicher Unklarheiten und Mißverständnisse — ganz anders liegt es, wenn es für die rechtliche Beurteilung wichtig wird, zu erfahren, was denn für Thatsachen behauptet sein sollen. Wenn A aus dem Kauf klagt und B den Kauf bestreitet, A dem Gegner den Eid zuschiebt, den B annimmt, wenn es dann zum bedingten Endurteil kommt und B den Eid leistet, dann ist der Prozeß zu Ende, ohne daß in zahlreichen Fällen jemand zu sagen vermöchte, was denn eigentlich entschieden ist. Denn das, worauf es vielleicht allein ankam, das wirkliche Geschehen, der konkrete Thatbestand, auf den die Parteien sich berufen, die Thatsachen im Gegensatz zu den Rechtsbegriffen, sind oft nicht einmal erwähnt worden. Vielleicht hat der Kläger etwas ganz anderes gemeint, als der Beklagte bestritten hat. Aber niemand wäre im Stande, das zu sagen, denn niemand hat sich die Mühe genommen, sie danach zu fragen. So bauen wir gar manches Urteil in die Luft hinein, ohne uns um den Grund zu kümmern, auf dem doch das Ganze ruhen soll. Man sage nicht, daß ich übertreibe. So und nicht anders verlaufen Tausende von Prozessen, höchstens, daß ein verständnisvoller Richter nicht duldet, daß Eide so ohne weiteres weggeschworen werden. Hier, bei den Verhandlungen über die Eidesleistung, viel zu spät, wenn in der Sache rechtskräftig entschieden ist, kommt oft genug erst der eigentliche Prozeßstoff zur Verhandlung. Hier erst, wenn geschworen werden muß, taucht oft die Frage auf: ja, was ist denn eigentlich gesprochen worden? Hier zeigt sich's denn auch oft genug, daß hierüber die Parteien garnicht uneins sind, nur will der Eine den Kauf, die Miete, die Stundung, die Anerkennung oder was es sonst in einzelnen Fällen sein mag, in dem nicht erkennen, woraus der Andere es herleiten möchte. Ja, dann ist Holland in Not und der Richter steht betrübt vor seinem bedingten Endurteil, mit dem er nichts anzufangen weiß. Aber nicht erst in diesem Stadium, wenn es nach gesprochenem Urteil oder nach verhandelter Sache zum Eide kommt, sollen die Thatsachen zur Sprache gebracht werden, die behauptet und bestritten sind, sondern das vor allem ist gerade Gegenstand der Verhandlung selbst. Wenn alle Teile darüber einig sind, daß Kauf oder Miete, oder was es sonst für ein Vertrag war, geschlossen ist, dann mag man sich dabei beruhigen. Wird solches aber streitig, dann ist es Aufgabe des verhandelnden Richters, der Sache auf den Grund zu gehen, festzustellen, was geschehen ist und was zugestanden und bestritten wird, dann muß er nötigenfalls jeden Thatbestand bis auf den letzten Grund auflösen, ihn ausschälen aus allen juristisch-begrifflichen Umhüllungen, um rein zu scheiden die konkrete Wirklichkeit, die ihm die Partei zu behaupten und zu beweisen hat, von dem anzuwendenden Rechte (einschließlich aller Begriffe und Definitionen desselben), das er allein anwenden soll — jura novit curia! Dann aber gilt es eben auch, die Partei, die natürlich zäh an der, wie sie meint, ihr günstigen Subsumption festzuhalten bestrebt ist, mit aller Energie auf die Wiedergabe des rein Thatsächlichen zu beschränken. Nackend, in seiner ganzen Armseligkeit muß der Thatbestand herauskommen, frei von allem Flimmer und Putz, worein die Parteien ihn hüllen möchten, damit er, der Richter, und kein anderer ihn in dasjenige Gewand zu kleiden vermag, das ihm in Wahrheit zukommt — jura novit curia! Oft freilich — viel öfter, als in unseren Gerichtssälen geschieht — wird dann darauf gedrungen werden müssen, daß festgestellt werde, wie Rede und Gegenrede, auf die es ankommt, wörtlich gelautet haben sollen. Und das gilt selbstverständlich nicht nur von den Behauptungen der Parteien, sondern auch vom Beweise, nicht nur von der eigentlichen Verhandlung, sondern namentlich auch von den Zeugenvernehmungen und schließlich vom Parteieid.

Deshalb halte ich es auch für verfehlt, den Übelstand, den man sehr wohl fühlt, dadurch beseitigen zu wollen, daß man den Parteieid durch zeugenschaftliche Vernehmung der Parteien ersetzt. Es steht zu fürchten, daß wir mit einer so tiefgreifenden Änderung den ganzen Civilprozeß in seinem innersten Kern über den Haufen werfen. Mit Recht ist daher dieser Vorschlag in den Verhandlungen des Juristentages als ein Sprung in's Dunkle bezeichnet worden. Und dabei würden wir doch nicht einmal das eigentliche Übel treffen, das nicht so sehr, wie man immer glaubt, die Steifheit der Prozeßform ist, als vielmehr unsere Unbeholfenheit in der Behandlung des Prozeßstoffes. So lange hier nicht Wandel geschaffen ist, werden wir auch mit der eidlichen Vernehmung der Partei nur Verwirrung anstiften und — trotz aller Klauseln und Kautelen des Juristentages — in der ohnehin zerfahrenen, aber praktisch so bedeutsamen Lehre von der Beweislast schnellstens zur völligen Anarchie gelangen. Es verdient übrigens hervorgehoben zu werden, daß in den Verhandlungen des Juristentages das eingehendste Verständnis für die tiefere Bedeutung der Sache nicht die Vertreter der Wissenschaft, nicht die Richter, die überhaupt schwiegen, auch nicht die Anwälte an den Tag legten, sondern ein Vertreter der Staatsanwaltschaft, der damalige Oberstaatsanwalt Hamm in Köln. Es ist nur zu bedauern, daß er sich zu einem Kompromiß entschloß, durch den die Sache um nichts gebessert scheint.

Aber — wird man mir erwidern — du verlangst Unmögliches. In einem gewissen Sinne gebe ich das zu. Es ist oft nicht möglich, weder für Zeugen noch für Parteien, sich aller Einzelheiten der Vorgänge, auf die es ankommt, mit Sicherheit zu entsinnen, den Wortlaut dessen wiederzugeben, was gesprochen ist, und mancher vernehmende Richter geht in dem Bestreben, aus dem Zeugen Dinge herauszuholen, die er schlechterdings nicht mehr im Gedächtnis hat, eher zu weit, als nicht weit genug. Aber was folgt daraus? Soll man deshalb Abstand nehmen von der Feststellung von Thatsachen, auf die es doch allein ankommt, und sich mit unbestimmten Erinnerungen, unzuverlässigen Auffassungen, einseitigen Auslegungen genügen lassen? Das Dogma von der Formlosigkeit der Verträge, von der unbedingten Verbindlichkeit alles dessen, was irgendwo einmal zugesagt und (womit es freilich schon weniger genau genommen wird) angenommen ist, erscheint auf den ersten Blick ganz trefflich und sehr moralisch, ist aber im Grunde das Gegenteil davon. Als ideale Forderung freilich wird man es stets anerkennen müssen, im praktischen Leben sieht's anders aus. Es ist ja sehr schön, wenn ich mich auf das Wort meines Gegners verlassen kann und vertrauen darf, daß mich der Richter nicht im Stiche lassen wird. Aber welche Gefahr liegt auch darin! Setzt doch schon der geschriebene Vertrag, den der Richter im authentischen Wortlaut vor sich hat, der Auslegung oft die größten Schwierigkeiten entgegen. Ist's hier schon oft unmöglich, die wahre Willensmeinung der Parteien festzustellen, wie viel mehr da, wo nur das flüchtige gesprochene Wort vernommen ist und im Gedächtnis fortlebt, in dem es mehr und mehr verschwindet oder unmerklich sich allmählich umgestaltet. Jedem Mißverständnis, jeder Einseitigkeit in der Auffassung und Wiedergabe sind Thor und Thür geöffnet, und vielleicht ahnen wir Richter gar nicht, wie oft wir schon auf Grund auch ganz ehrlicher Zeugnisse und Eide dem Unrecht zum Siege verholfen haben. Schon Ihering hat mit beredten Worten den Segen der Formen im Rechtsverkehr gepriesen und es ist bezeichnend, daß gerade im Handelsverkehr, wo die Formlosigkeit der Verträge im ausgedehntesten Maße zum Prinzip erhoben ist, sich doch das Bedürfniß nach der Form entschieden geltend macht und nicht zwar in feierlichen und umständlichen Dokumenten, wohl aber in Schlußscheinen und Quittungen, Bestätigungen und Korrespondenzen aller Art zu neuen und weit verbreiteten Gestaltungen treibt. Das freilich kann nicht die Meinung sein, daß wir wieder allgemeine und bindende Formen für die Verträge gesetzlich vorschreiben sollen. Der Versuch, den das Preußische Landrecht mit vollem Verständnis für die wahren Bedürfnisse des Lebens in dieser Richtung unternommen hat, ist glänzend mißglückt. Von oben her läßt sich so etwas nicht dekretiren. Aber sollten wir Richter, die wir berufen sind, Recht zu sprechen und dadurch zur thatsächlichen Gestaltung des Rechtslebens an maßgebendster Stelle mitzuwirken, nicht im Stande sein, mehr als bisher auf die Anschauungen des Publikums und auf seine Verkehrsformen Einfluß zu gewinnen? Statt in wohlgemeinter Kurzsichtigkeit Forderungen nachzugeben, deren Grundlage in Wahrheit nicht mehr nachgewiesen werden kann, und für deren Existenz bei Lichte besehen nicht mehr bürgt, als das ehrliche Gesicht dieses oder jenes Zeugen, dieser oder jener Partei — statt dessen sollten wir im Publikum die Überzeugung großziehen, daß Niemand ein Recht in Wahrheit besitzt, dessen thatsächliche Grundlagen er nicht mehr mit völliger Sicherheit anzugeben und nachzuweisen vermag. Dann würde nicht mehr jedes hingeworfene Wort, jede unbedachte Äußerung Gefahr laufen, zu einer Rechtshandlung und Willenserklärung gestempelt, zu einem Strick gedreht zu werden. Dann würde der Rechts- und Geschäftsverkehr sich wieder schärfer sondern vom täglichen und geselligen Leben, dann würden wir hoffen können, zu ähnlichen Zuständen zu gelangen, wie sie im alten Rom sicherlich segensreich gewaltet haben, wo, wie ein Autor treffend bemerkt, der Römer aufhorchend stutzte und sofort die Bedeutung der Situation zu begreifen Gelegenheit hatte, wenn im Gespräch mit dem Gegner die Frage ertönte: spondesne? An solennen Formeln haben wir heutzutage allerdings den Geschmack verloren. Aber der größtmöglichen Verbreitung schriftlicher Verkehrsformen steht in einer Zeit nichts mehr im Wege, wo die Kunst zu schreiben und Geschriebenes zu lesen, Allgemeingut des Volkes geworden ist. Nur müßte freilich der Fiskus sich entschließen, auf alle Einnahmen aus Stempelung schriftlicher Rechtserklärungen ein für alle Male zu verzichten.[2])

Kehren wir zum Ausgangspunkt zurück. Der Klagegrund besteht in dem faktischen Thatbestand, in der Summe der den Anspruch begründenden Thatsachen. Diese hat der Kläger in der Klage, im Gesuch um Zahlungsbefehl, in der Anmeldung zum Konkurse anzugeben. Dabei ist nicht ausgeschlossen, daß die Thatsachen, wie sie überhaupt nur in begrifflicher Auffassung mitgeteilt werden können, gerade in rechtsbegrifflicher Formulirung erscheinen, aber daran ist festzuhalten, daß das, was gemeint ist, stets nur das Fak-

[2]) Nach Zeitungsberichten hätte der besprochene Übelstand neuerdings auch zu positiver Aktion gedrängt. Die Gewerbegerichte der größeren Städte sollen sich in dem Gedanken geeinigt haben, möglichst darauf zu dringen, daß alle Arbeitsverträge schriftlich abgeschlossen werden. Wäre das richtig, so würde es nur ein Beweis dafür sein, wie sehr diese Gerichte dem Pulsschlag der Zeit näher stehen, als der gelehrte Richter.

tum sein soll. Wenn ein Zahlungsbefehl auf 100 Mk. auf Grund eines im Mai 1896 abgeschlossenen Kaufhandels von 100 Ctr. Cokes begehrt wird, so würde diese Formulirung völlig genügen (vorausgesetzt, daß im Mai nur ein solcher Handel vorgekommen ist), nicht aber würde ich das Gesuch um einen Zahlungsbefehl „auf 100 Mk. aus einem Kauf von Cokes" für ausreichend bestimmt erachten (die Vierhausschen Formulare verdienen in dieser Beziehung kein Lob). Jedenfalls aber sollte mehr als bisher geschieht, der Amtsrichter und folgeweise das Publikum beachten, daß, so sehr man im einzelnen Fall vielleicht auch auf unschwierige Erledigung hofft, mit jedem Zahlungsbefehl und mit jeder Konkursanmeldung die bedeutsame Grundlage möglicherweise für einen sich anschließenden Prozeß, jedenfalls für die spätere Gestaltung des Rechtsverhältnisses gelegt werden soll. Der Neigung zu liederlichen Zahlungsbefehlen sollte mit aller Entschiedenheit entgegengetreten werden.

Es bleibt noch ein Argument zu widerlegen, das wohl die stärkste Stütze der Individualisirungstheorie ist. Bildet nach unserer Auffassung der Thatbestand den Klagegrund, so gehören dazu eben sämtliche Thatsachen, welche eingetreten sein müssen, um den Anspruch so, wie er erhoben wird, gerechtfertigt erscheinen zu lassen. Aber auch nur diese Thatsachen sind erforderlich. Wenn etwa noch weitere Thatsachen durch die Parteivorträge in den Prozeß eingeführt werden, so erscheinen diese als unerheblich. Unternimmt nun der Kläger, seine thatsächlichen Anführuugen zu ergänzen oder richtig zu stellen, was im Grunde nur dadurch geschehen kann, daß entweder neue Thatsachen behauptet oder Behauptungen von Thatsachen zurückgenommen werden, so betrifft das entweder irrelevante Stücke des Parteivorbringens und insoweit erscheint die Freiheit des Klägers, Behauptungen aufzustellen oder zurückzunehmen, ebenso selbstverständlich, wie im Grunde wertlos, oder aber es betrifft relevante Punkte, solche Punkte eben, welche zum Grunde des Anspruchs gehören, und dann läßt sich nicht leugnen, daß durch Zurücknahme bisheriger Behauptungen oder Aufstellung neuer Behauptungen am Thatbestand oder mit anderen Worten am Klagegrund geändert wird. Darnach enthielt der § 240 C.P.O., der die Grenzen der Klageänderung festlegen will, einen Widersinn, dahingehend: daß eine Änderung des Klagegrundes nur soweit zulässig sein soll, als dadurch der Klagegrund nicht geändert wird.

Aber auch dieses Argument der Gegner wiegt nicht schwer.

Die Anhänger der Substantiirungstheorie suchen es damit zu beseitigen, daß sie zwischen wesentlichen und unwesentlichen Thatbestandsmomenten unterscheiden. Es käme darnach darauf an, daß der Thatbestand in seinen wesentlichen Momenten unverändert bleibt, unwesentliche oder besser gesagt weniger wesentliche, mehr nebensächliche Punkte können geändert werden. Aber das befriedigt noch nicht. Es fehlt an jedem Maßstab, woran wesentliche von unwesentlichen Punkten mit einiger Sicherheit geschieden werden könnten. Wenn auch von vornherein zuzugeben ist, daß bei der Absteckung der Grenzen der Klageänderung und der damit im engsten Zusammenhang stehenden Grenzen der Rechtskraft dem Ermessen des Richters in der Abwägung der Umstände des einzelnen Falles stets ein ziemlich weiter Spielraum wird gelassen werden müssen, so muß man doch nach Prinzipien suchen, die den Richter hierbei zu leiten haben, und diese lassen sich, wie mich dünkt, noch etwas schärfer herausarbeiten, als bisher geschehen ist. Der oben mitgeteilte apagogische Beweis, den unsere Gegner aus § 240, Nr. 1 C.P.O. gegen uns zu führen meinen, leidet nämlich an einem logischen Fehler, dessen Nachweis zugleich ergeben wird, daß dieser Paragraph einen vollständig klaren und sachlich befriedigenden Sinn enthält. Es ist wieder der alte Fehler, daß zwischen Konkretem und Abstraktem nicht gehörig unterschieden wird.

Jedem in Wahrheit berechtigten Anspruch entspricht ein Thatbestand, der seine Grundlage bildet, ein Stück der Wirklichkeit, auf das wir die Rechtsnormen anwenden, um zu dem von dem Berechtigten in Anspruch genommenen Imperativ an den Verpflichteten zu gelangen. Hierzu müssen wir das faktische Geschehen unter allgemeine Gesichtspunkte, einzelne Begriffe oder zusammengesetzte, begrifflich aufgefaßte Thatbestände, Allgemeinbegriffe von Thatbeständen subsumiren. Nur wenn das wirkliche Geschehen die Momente eines solchen Allgemeinbegriffes enthält, ist es überhaupt im Stande, einen Anspruch zu begründen, denn nur dann kann man zu dem Syllogismus gelangen, der einen in diesem Fall zur Geltung kommenden Imperativ ergiebt. Jedes positive Recht besitzt eine große Anzahl derartiger Allgemeinbegriffe von Thatbeständen, unter deren einen ein konkretes Geschehen fallen muß, soll anders es einen Anspruch begründen. Es sind die Rechtsinstitute, Kauf, Miete, Mandat, negotiorum gestio, Sozietät, Bereicherung, Ehe, väterliche Gewalt, Erbrecht in seinen verschiedenen Begründungen als Intestat- und Testamentserbrecht, Legat, Sachbeschädigung, überhaupt die Delikte 2c. Wird ein gegebener Thatbestand überhaupt nicht unter einen dieser Begriffe zu bringen sein, so erscheint die Klage von vornherein unschlüssig. Irgend einem dieser Thatbestände muß jede schlüssige Klage untergeordnet werden können, oft kann sie es mehreren. Während das wirkliche Geschehen, der faktische (konkrete) Klagegrund immer nur einer und derselbe sein kann, an dem keine Macht der Welt etwas zu ändern vermag, liegt es in dem Wesen des begrifflichen Klagegrundes, als eines Allgemeinbegriffes, daß unter ihn sich verschiedene Thatbestände, wirkliche und gedachte, als Individuen unter die Art bringen lassen. Wenn mithin die Prozeßordnung die Ergänzung und Berichtigung des thatsächlichen Klagegrundes gestattet, vorausgesetzt, daß dadurch der Klagegrund nicht geändert wird, so kann mit dem letzteren Klagegrund nur der begriffliche gemeint sein. Bei dieser Auslegung braucht man noch nicht einmal den Mangel an Präzision im Ausdruck, den man der Civilprozeßordnung vorgeworfen hat, zu Hilfe zu rufen. Unsere Sprache (wie ja auch im gewöhnlichen Leben unser Denken) macht eben keinen scharfen Unterschied zwischen Konkretem und Abstraktem, sie hat für beides denselben Ausdruck und, wie ich schon oben sagte, nur der Zusammenhang kann lehren, wie der Ausdruck im einzelnen Fall gemeint ist. Mit anderen Worten, der § 240, Abs. 1 cit. enthält den präzisen und durchaus korrekten Ausdruck des Gedankens, daß das thatsächliche Vorbringen geändert werden kann, wenn nur nicht durch die Änderung der Thatbestand unter einen anderen Klagegrund, d. h. unter einen anderen jener Allgemeinbegriffe zu liegen kommt, die wir in den Rechtsinstituten besitzen. Es darf die Kaufklage nicht zur Klage aus der Miete, Sozietät 2c. werden.

Die Sache scheint nun allerdings glatter, als sie ist. Wir kennen nicht mehr das geschlossene Aktionensystem des römischen Rechts, das dieses selbst bereits in seiner späteren Entwickelung mehr und mehr aufgegeben hatte. Die Masse der unbenannten Verträge mußte die Lücke ausfüllen, die neben den benannten Verträgen blieb und für welche doch die Bedürfnisse des Verkehrs unbedingt rechtliche Anerkennung verlangten. Und unser heutiges Recht geht in der Zulassung von Verträgen jeglicher Art ja noch weiter. So giebt es für eine Masse von Thatbeständen keine besonderen Allgemeinbegriffe als eben den des unbenannten Vertrages. Aber auch, wo wir benannte Verträge und vertragsähnliche

Verhältnisse vor uns haben, ist die Grenze nicht überall gleich scharf. Ob beispielsweise negotiorum gestio und Mandat sich in dieser Beziehung scharf abgrenzen oder nicht, wird in Theorie und Praxis verschieden beurteilt. Das alles aber giebt uns, wie ich glaube, noch nicht das Recht, diesen ganzen Gedanken, wie er in § 240 cit. Ausdruck gefunden hat und in der Wissenschaft und Praxis in der einen oder der anderen Form auch anerkannt wird, als verkehrt oder unverwertbar aufzugeben. Als einen der unentbehrlichen Grenzpfähle für Absteckung des Raumes, innerhalb dessen dem Kläger freie Bewegung gestattet ist, wird er beibehalten werden müssen, und Aufgabe der Wissenschaft wird es sein, ihr Augenmerk der scharfen Abgrenzung der einzelnen zu scheidenden Rechtsinstitute zuzuwenden, die jedenfalls für die gewöhnlichsten und zahlreichsten Formen des Verkehrslebens, zugleich auch aus anderen Gründen, als ausgeprägte, von bestimmten Grundsätzen getragene Rechts- und Geschäftstypen unentbehrlich scheinen und auch von dem bürgerlichen Gesetzbuch beibehalten sind.

Ich brauche kaum hervorzuheben, daß mit dem Gesagten nicht im Widerspruch steht, was ich oben nach der Richtung hin ausführte, daß die Partei diesen begrifflichen Klagegrund nicht anzuführen braucht, und wenn sie ihn anführt, ohne Nachteil falsch bezeichnen darf. Nicht auf den genannten, sondern auf den in Wahrheit — nach Ermessen des Richters in Wahrheit — aus dem vorgebrachten Thatsachenmaterial zu entnehmenden Klagegrund kommt es an. Dieser darf durch die Verschiebung des Thatbestandes nicht mit einem anderen vertauscht werden.

Als einen der Grenzpfähle bezeichnete ich diesen Gedanken und deutete damit schon an, daß er der einzige nicht ist. In der That wäre damit allein dem berechtigten Interesse des Beklagten noch nicht gedient. In einer entwickelten Kultur steht der Mensch zu seinen Mitmenschen in ungezählten und unzählbaren Rechtsbeziehungen, nicht nur mit diesem hier, mit jenem dort, oft auch mit einem und demselben bald hier, bald dort. Dabei wiederholen sich naturgemäß die Typen der Verkehrsformen. Hat der Beklagte das wohlverständliche und dringende Interesse daran, das in Wissenschaft und Gesetzgebung anerkannte Recht darauf, daß ihm im Klageangriff der geltend gemachte Anspruch bestimmt bezeichnet wird, so genügt dazu nicht die Erkennbarkeit dieses Typus, da hiermit unzählige verschiedene Ansprüche gemeint sein können. Es muß das Individuum des Anspruchs klar bezeichnet sein, der Anspruch muß individualisirt werden. Daß das nur durch Angabe der klagebegründenden Thatsachen geschehen kann, ist bezüglich obligatorischer Rechtsverhältnisse allgemein anerkannt; daß aber auch für dingliche Klagen dasselbe gilt, darf heute, nachdem sich auch das Reichsgericht dafür entschieden hat, als herrschende Meinung angesehen werden, und ist oben von neuem zu begründen versucht worden. Auch in dieser Beziehung, d. h. in Bezug auf Individualisirung des Anspruches steht dem Kläger, wie die Prozeßordnung ausdrücklich anerkennt, ein gewisses Maß freier Bewegung zu, und es gilt daher auch nach dieser Richtung hin, eine begriffliche Erfassung, einen Begriff des Thatbestandes zu finden, um entscheiden zu können, unter welchen Umständen ein geänderter Thatbestand noch immer als derselbe, d. h. nicht als der identische, das wäre perplex, sondern als der begrifflich noch nicht verschiedene aufzufassen ist. Dieser Begriff kann kein anderer sein, als der des historischen Geschehens.[3]) Es reiht sich eben ein jeder derartiger Thatbestand als ein zeitlich und örtlich bestimmtes Moment in das Gesamtleben des Einzelnen ein, und das Geschehen in seiner Stellung und seiner Beziehung zu diesem Gesamtleben der Beteiligten mit derjenigen Deutlichkeit zu bezeichnen, daß der Gegner trotz Abweichungen und Unrichtigkeiten im Einzelnen doch mit Sicherheit erkennen kann, was gemeint ist und ob ein derartiges Geschehen überhaupt vorgekommen ist, darauf wird es ankommen. Hier ist nun das Gebiet, wo das Ermessen des Richters eingreifen, sein Takt das Beste thun muß. Hier ist es, so viel ich sehe, bisher nicht gelungen, noch eingehendere und schärfere Grundsätze, etwas anderes überhaupt als diesen allgemeinen Leitgedanken aufzustellen.

Auch dieser Gedanke ist im § 240 cit. deutlich ausgesprochen. Er liegt aber nicht in den Worten: „ohne Änderung des Klagegrundes", die, wie oben ausgeführt wurde, ganz anderes bedeuten, sondern in der Gestattung einer Ergänzung und Berichtigung der thatsächlichen Anführungen. Diese Ausdrücke besagen deutlich, daß die Substanz des thatsächlichen Klagegrundes — wenn ich mich einmal so ausdrücken darf — dieselbe bleiben muß. Man kann von bloßer Ergänzung und Berichtigung eines Dinges nur so lange und insoweit sprechen, als nicht durch die Veränderung die Substanz

---

[3]) So auch R. Schmidt, die Klagänderung, Leipzig 1888 S. 221.

des Dinges im Gegensatz zu seinen Qualitäten und Modalitäten zu einer anderen wird. Nur Nachfügungen und Berichtigungen, die nicht das Vorgetragene total verändern, den ursprünglichen Thatbestand mit einem ganz anderen vertauschen, sollen zulässig sein.

Auf Einzelnes gehe ich nicht ein. Nur eins ist wichtig, daß nämlich der Richter sich stets der engen Wechselbeziehungen bewußt ist, in welcher Klagänderung und Rechtskraft zu einander stehen und daß er die Grundsätze, die er bei der Klagänderung anwendet, nicht etwa bei der Entscheidung über den Umfang der Rechtskraft aus unangebrachtem Billigkeitsgefühl wiederum einschränkt.

Mancher wird es mißbilligen, daß ich die Lehre von der Klagänderung abhandle, ohne auch nur ein Wort über das Prinzip der Rechtskraft zu verlieren. Ich halte das aber für wohlbegründet. Wenn beispielsweise R. Schmidt in seiner Monographie über Klagänderung den umgekehrten Weg einschlägt und aus dem Umfang der Rechtskraft die Grenzen der Klagänderung festzulegen sucht, so geschieht es ausgesprochenermaßen, weil er von seinem Standpunkt aus mit dem § 240 C.P.O. nichts anzufangen weiß[4]). Für den Anhänger der Substantiirungstheorie — oder vielleicht darf ich in meinem Standpunkt eine Vereinigung der Substantiirungs- und Individualisirungstheorie erblicken — ergiebt dieser Paragraph nicht nur einen klaren und verständlichen Sinn, er ist auch (in Verbindung mit § 293 C.P.O.) die wahre sedes materiae für die Frage nach dem Umfang der Rechtskraft. Er (in Verbindung mit § 293 cit.) ist der einzige positivrechtliche Anhaltspunkt, aus dem wir diese Frage entscheiden können und müssen. So ist es nur folgerecht, wenn wir auf dem Wege über die Klagänderung zur Rechtskraft gelangen.

Über den Umfang der Rechtskraft herrscht ebenfalls nichts weniger als Übereinstimmung und auch hier glaube ich, daß der Streit nur deshalb so unendlich ist, weil, wie so oft, beide Teile gleich Recht und gleich Unrecht haben. Man könnte bei der Frage nach dem Umfange der Rechtskraft zwischen einem intensiven und extensiven Umfang unterscheiden. Unter diesem würde ich das Ge-

---

[4]) R. Schmidt a. a. O. S. 145 fg. 171 fg. u. s. w.

biet der Rechtskraft verstehen, das durch die Individualität des Anspruchs bestimmt erscheint, so daß über einen Anspruch, der seiner Individualität nach bereits entschieden ist, nicht noch einmal gestritten zu werden braucht und nicht noch einmal gestritten werden soll. Die hiermit gezogenen Grenzen der Rechtskraft sind durch die soeben erörterte Lehre von der Klagänderung gegeben. Die Frage dagegen nach dem intensiven Umfang der Rechtskraft würde dahin zu lauten haben, inwiefern lediglich der geltend gemachte Anspruch oder auch die logischen und juristischen Grundlagen, auf denen er ruht, der endgültigen Feststellung teilhaftig werden. Die Prozeßordnung hat es bekanntlich im § 293 unternommen, diese Streitfrage, die sich vornehmlich an die Namen Savigny einerseits, Unger und Wetzell andererseits anknüpft, im Sinne der letzteren zu entscheiden, freilich nicht um damit ihre Absicht zu erreichen, dem Streit ein Ende zu machen. Der § 293 cit. sagt zwar mit dürren Worten, daß Urteile der Rechtskraft nur insoweit fähig seien, als über den durch die Klage oder durch die Widerklage erhobenen Anspruch entschieden ist. Aber gerade bei der Festlegung dessen, was eigentlich hier unter Anspruch zu verstehen sei, ist der alte Streit fast im früheren Umfang wieder aufgelodert. Kein Wunder, so lange man nicht über diesen grundlegenden Begriff klar und einig geworden ist.

Tritt man von meinem Standpunkt aus an die Frage heran, so wird schon eine Betrachtung a priori darthun, daß diejenigen nicht Recht haben können, die hier den Anspruch von seiner thatsächlichen Grundlage loslösen und ihn gleichsam als ein in der Luft schwebendes Gebilde durch die Rechtskraft festgestellt wissen wollen. Wir sahen, daß dem, was wir einen Anspruch nennen, etwas Wirkliches nicht entspricht. Was in Wahrheit existirt, sind lediglich gewisse Vorgänge, Geschehnisse in Gegenwart oder Vergangenheit, der rechtsbegründende Thatbestand. Folgen wir einem richterlichen Urteil, nachdem es diesen Thatbestand festgestellt hat, so löst sich Alles in rein gedankliche Operationen, Definitionen, Subsumptionen und Konklusionen auf, und höchstens bei dem Schlußglied, der nackten condemnatoria treffen wir wieder auf eine gewisse Wirklichkeit (s. S. 48 fg.). Ich erinnere an oben Gesagtes (S. 10. 45). Auch diesen intellektuellen Vorgängen kommt eine zeitliche und örtliche Bestimmtheit, eine Wirklichkeit des Geschehens zu. Nicht nur einmal in jedem Rechtsstreit, sondern vermutlich sehr häufig sind sie wiederholt worden, vom Kläger und vom Beklagten, von den Anwälten und den einzelnen Mitgliedern des Gerichts bei der Vorbereitung der Sache, bei der Verhandlung und in der Beratung, bald in dieser, bald in jener Form, bis sie schließlich in der definitiven Gestaltung, die sie im Urteil annehmen, in die Erscheinung treten. Aber nicht diese Wirklichkeit des Geschehens ist es, der wir durch Beilegung oder Versagung der Qualität der Rechtskraft etwas geben oder nehmen könnten. Sie bleibt unter allen Umständen die nämliche und gilt von dem richtigen Gedanken genau so, wie von seinem fehlerhaften Gegenteil. Daß aber mit der reinen condemnatoria, dem wirklichen und konkreten Befehl des Richters oder der Rechtsordnung, dem: B soll 100 an A zahlen, soll dieses Pferd an A herausgeben usw., nichts anzufangen ist, ist ohne weiteres klar und wird allgemein anerkannt. Aus diesem nackten Befehl ist schlechterdings nicht möglich zu bestimmen, was denn rechtskräftig sein soll.

Zu dem gleichen Ergebnis gelangen wir denn auch bei einer Betrachtung der praktischen Seite der Sache. Mit dem Ausspruch, B soll 100 Mk. an A zahlen, ist, wie gesagt, nicht weiter zu kommen, wenn A abermals von B 100 Mk. verlangt und nun zu prüfen ist, ob hierüber ein Urteil bereits ergangen ist. Was für 100 Mk.? fragen wir. Aber auch, wenn wir einen Schritt zurück thun, wenn wir nun wüßten, daß B zur Zahlung von 100 Mk. Zinsen verurteilt ist, wären wir noch nicht klüger. Was für Zinsen, fragen wir, und aus dem Urteil müßten wir weiter ersehen, daß es die am 1. März 1892 fällig gewesenen Zinsen eines zu 4 pCt. verliehenen Kapitals von 5000 Mk. sein sollen. Aber auch das genügt nicht. Was für ein Kapital, lautet wiederum die Frage, denn B kann an A mehrere Darlehen schulden. Wir müssen bis zum letzten Grunde vorschreiten und erfahren, daß dasjenige Kapital gemeint ist, das beispielsweise am 1. März 1890 unter dem Versprechen bestimmter Verzinsung gegeben wurde. Mit anderen Worten: wir können das Urteil anders gar nicht verstehen, als wenn wir es in seinem ganzen Umfang bis zum klagbegründenden Thatbestand betrachten. Im einzelnen Fall mag es wohl genügen, wenn wir wissen, daß dort ein Zinsanspruch ab- oder zugesprochen ist. Handelt es sich später um eine Kaufklage, so kann hierüber in jenem Urteil nicht entschieden sein. Die Möglichkeit aber, daß es auch anders kommen kann und daß es dann erforderlich sein wird, die

Individualität des abgeurteilten Anspruchs aufs genaueste festzustellen, ist niemals ausgeschlossen. In Wirklichkeit können wir also bei Feststellung der Rechtskraft eines Anspruchs kein Stück des Urteils entbehren (soweit es pertinent ist) bis hinauf zum Thatbestand, und sicherlich hatten Savigny und nach ihm Windscheid und Andere Recht, wenn sie die Wirkung der Rechtskraft selbst bis auf die Feststellung des rein Thatsächlichen erstreckten. Fiktion der Wahrheit hat Savigny als das Wesen der Rechtskraft bezeichnet und trotz Allem, was man dagegen eingewendet hat, möchte ich daran festhalten.

Die Ausstellungen Bülows[5]), die vielen Anklang gefunden haben, treffen nicht zu. Nachdem Savigny den auch heute noch vielfach vertretenen und jedenfalls strikte noch nicht widerlegten Satz kurz ausgeführt hat, daß das Institut der Rechtskraft sich a priori nicht begründen lasse, daß es seine Berechtigung nur aus Zweckmäßigkeitsgründen herleiten könne, fährt er fort (System Bd. 6 S. 261):

> Das höchst wichtige Rechtsinstitut, wodurch der angegebene Zweck erreicht werden soll, läßt sich im Allgemeinen als die Rechtskraft des richterlichen Urteils bezeichnen, welche nichts Anderes ist, als die Fiktion der Wahrheit, wodurch das rechtskräftige Urteil gegen jeden künftigen Versuch der Anfechtung oder Entkräftung gesichert wird.

Es ist nicht zu verstehen, wie Bülow hieran die Behauptung knüpfen kann, daß damit „dasjenige Rechtsinstitut, welches eine Grundbedingung für den Bestand der ganzen Rechtsordnung ist, eine Einrichtung, ohne welche der Civilprozeß und der ganze Richterberuf die Übung eines nutzlosen Spieles wäre, auf — eine Fiktion, auf das Fürwahrausgeben von etwas bewußt Unwahrem gegründet wird". Es ist doch klar, daß Savigny so etwas garnicht einfällt. Er will doch nur in einem kurzen, schlagwortartigen Ausdruck die Art und Weise charakterisiren, wie das Institut der Rechtskraft funktionirt, er giebt das Mittel an, mit dem es seinen Zweck erreicht, was doch ganz etwas anderes ist, als der Grund, auf dem es ruht. Wenn hierbei aber Bülow die Fiktion als das Fürwahrausgeben von etwas bewußt Unwahrem definirt, so ist das jedenfalls zu eng, und wenn man deswegen statt von einer Fiktion von

[5]) Archiv für civilistische Praxis Bd. 62 S. 92 fg.

einer unwiderleglichen Rechtsvermutung gesprochen hat, so halte ich das für ebenso überflüssig, als im Grunde genommen verkehrt. Verkehrt, weil es entschieden den Vorzug verdient, daß wir von Vermutungen nur da sprechen, wo es sich um Thatsachen handelt, während das, was im Urteil festgestellt wird, eben nicht rein thatsächlich ist. Überflüssig, weil ich auch da von einer Fiktion reden kann, wo ich nur zweifelhaft bin, ob das Angenommene auf Wahrheit beruht oder nicht, und trotzdem es als wahr verwende. Unser Wissen ist im letzten Grunde problematisch und von keinem, selbst von dem scheinbar bestbegründeten Urteil nicht, könnten wir sagen, daß es absolut wahr sei. Daher würde ich es an und für sich nicht einmal unbedingt für falsch halten, wenn jemand selbst da bescheiden nur von einer Fiktion der Wahrheit redete, wo er für seine Person felsenfest überzeugt ist, für richtig aber jedenfalls da, wo wir Entscheidungen hinnehmen und als maßgebend anerkennen und behandeln, ohne sie einer erneuten und selbständigen Prüfung zu unterziehen. Schlimmer als Bülow macht es Klöppel[6]), der die beneidenswerte Unbefangenheit besitzt, dem „Vater der neueren deutschen Rechtswissenschaft" eine ungeheuerliche Formel vorzuwerfen, „die mehr Gedankenfehler, als Worte enthält," dabei selbst es aber fertig bringt, auf einer und derselben Seite ein und dieselbe Behauptuug aufzustellen und zu bestreiten. Denn was ist es anderes, wenn er die Anwendung des Wahrheitsbegriffes auf die Beobachtung und Beurteilung des Einzelnen für unzulässig erklärt, weil diese wesentlich subjektiv und daher niemals absolut richtig (und ebensowenig absolut falsch) sein können, in demselben Atem aber ausruft: Die Verbindung zweier Begriffe, die im stärksten Widerspruch stehen, die Wahrheit — fingiren! Das ist's ja gerade. Weil wir von der Wahrheit der Urteile nie absolut sichere Kunde haben können, dabei aber doch so thun, als hätten wir sie, nennt es Savigny (und Andere nach ihm) mit Recht eine Fiktion.

Diese Fiktion der Wahrheit ist nun im doppelten Sinne zu verstehen, wie wir von hier aus deutlich sehen können. Es gilt der als bewiesen angenommene Thatbestand in dem Sinne als unwiderleglich und ein für allemal festgestellt, daß er von nun an als — in fingirter Wahrheit bestehender — Grund des erhobenen An-

[6]) Die Einrede der Rechtskraft, Berlin 1882 S. 61 fg.

spruches zu gelten hat. Es besteht ein Anspruch, wie er bestehen würde, wenn an dem festgestellten Sachverhalt nicht der geringste Zweifel sein könnte. Aber damit nicht genug. Ein Urteil kann auf einem unrichtigen Syllogismus beruhen, kann falsch subsumirt haben 2c. Ein anderer Richter käme auf Grund desselben Thatbestandes vielleicht zu einem anderen Ergebnis. Es müssen daher auch diese logischen Operationen (soweit sie Stationen im logischen Aufbau, Elemente im Sinne Savigny's sind), an der Rechtskraft teilhaben. Hier besteht die Fiktion der Wahrheit in der Fiktion, daß auch die Konklusionen, die zum Urteil geführt haben, richtig sind. Also eine Fiktion der Wahrheit in dem Sinne, daß der als bewiesen angenommene Thatbestand der Wahrheit entspricht, die daraus abgeleiteten Schlußfolgerungen richtig sind.

So käme in der That die Savigny'sche Theorie von den Elementen des Urteils und ihrer Rechtskraft zur vollen Geltung. Aber zwei Einschränkungen muß sie sich allerdings gefallen lassen. Über die eine herrscht kein Streit. Abgesehen von den bekannten Ausnahmen gilt diese Fiktion der Wahrheit nur in dem Verhältnis zwischen den Parteien. Um die andere drehte sich in Wahrheit der Streit der Meinungen und sie ist von der Civilprozeßordnung im Sinne Unger's und Wetzell's entschieden. Auch zwischen den Parteien gilt die Fiktion nicht allgemein, sondern nur soweit der eingeklagte Anspruch in Frage kommt. Sobald es sich um einen anderen Anspruch handelt, können, wie nunmehr bei uns gesetzlich angeordnet ist, Parteien sich auf diese fingirten Wahrheiten nicht mehr berufen. Ob aber derselbe oder ein anderer Anspruch geltend gemacht wird, das entscheidet sich nach den im § 240 C.P.O. gesetzlich festgelegten Grundsätzen. Mit anderen Worten, um die vorgeschlagenen Bezeichnungen zu verwenden, die intensive Rechtskraft der Urteile gilt auch heute noch unbegrenzt, die extensive für den Umfang des Anspruchs, der eingeklagt ist.

Bisher ist nur von verurteilenden Entscheidungen gesprochen worden, um die Klarheit der Darstellung nicht zu trüben. Bei abweisenden Entscheidungen liegt die Sache im Grunde nicht anders, nur weisen diese Eigentümlichkeiten auf, die indessen lediglich auf ihrer logischen Struktur beruhen. Die verurteilende Entscheidung ist ein bejahendes, die abweisende ein verneinendes Urteil. Zu gleicher Zeit setzt sich in den meisten Fällen das Urteil aus einer Mehrheit von Elementen zusammen, z. B. bei der Pfandklage aus

Entstehung der Forderung, Verpfändung, unter Umständen Fälligkeit der Schuld rc. Wo die Entscheidung zur Verurteilung gelangt, müssen alle Elemente auch bejaht sein, die Verneinung eines einzigen würde Abweisung zur Folge haben. Bei abweisender Entscheidung genügt schon die Verneinung auch nur eines der Elemente, und daher muß man bei diesen Urteilen wohl darauf achten, welches der Elemente eigentlich verneint ist, will man anders den Inhalt der Entscheidung wirklich kennen lernen. In der Regel wird der Richter, der dazu gelangt, eines dieser Elemente zu verneinen, hiermit beginnen und alle anderen Fragen offen lassen. Es hindert ihn aber auch nichts, trotzdem er zur Abweisung gelangt, einzelne Punkte bejahend zu entscheiden, und meiner Meinung nach ist es unerfindlich — was freilich der herrschenden Meinung durchaus widerstreitet —, warum eine solche bejahende Entscheidung eines abweisenden Urteils in dem Umfang nicht rechtskräftig werden soll, als dieses Urteil überhaupt an sich der Rechtskraft fähig ist, d. h. soweit es sich einmal wiederum zwischen denselben Parteien um denselben Anspruch handelt. Völlig zweifellos aber dürfte sein, daß das abweisende Urteil als verneinende Entscheidung immer nur insofern rechtskräftig wird, als es wirklich entscheidet, nur insofern, als es Elemente verneint, nicht aber in Bezug auf die Elemente, die es garnicht erörtert. Was dabei die thatsächlichen Unterlagen des abgewiesenen Anspruchs anbetrifft, so macht es, soweit ich sehe, keinen Unterschied, ob man die Fiktion dahin faßt, daß das nicht Bewiesene als unwahr oder als definitiv unbeweisbar gilt.

Wie die hier versuchte Theorie der Rechtskraft geeignet erscheint, manche dannoch ungelöste Zweifel der herrschenden Lehre zu heben, soll nur kurz angedeutet werden. Wenn beispielsweise gelehrt wird, daß die Entscheidung, welche wegen Mangels einer Prozeßvoraussetzung oder wegen Mangels der Rechtsstörung (Besitz der Sache gegenüber der rei vindicatio, Fälligkeit der Forderung rc.) zur Abweisung kommt, der materiellen Rechtskraft nicht fähig sei, so will man damit offenbar der Ungereimtheit entgehen, daß mit solcher Entscheidung der Kläger seines Rechts ein für allemal verlustig geht. Wenn A abgewiesen werden muß, weil N beweist, daß ihm eine Zahlungsfrist von einem Jahr bewilligt ist, so kann er darum selbstverständlich seinen Anspruch nicht überhaupt verlieren. Aber man schüttet das Kind mit dem Bade aus. Indem die herrschende Lehre die eine Ungereimtheit vermeidet, nimmt sie die andere, ebenso wunderliche in den Kauf.[7]) Denn wäre ein solches Urteil der materiellen Rechtskraft überall nicht fähig, so würde den A nichts hindern, sofort seine Klage von neuem anzustellen und von neuem zu versuchen, ob ihm der Beweis der Fälligkeit oder die Widerlegung der Stundung (der Beweis des Besitzes, der Zuständigkeit des Gerichts 2c.) dieses Mal nicht besser glückt. Ferner: Wenn A von B ein Pferd kauft und sofort bezahlt, so hindert ihn nichts, den Preis zurückzufordern, wenn er später entdeckt, daß er mehr als das Doppelte des wahren Wertes bezahlt hat. Hätte aber A in momentaner Geldverlegenheit nicht zahlen können, wäre B klagbar geworden, und hätte A sich im Versämnisverfahren rechtskräftig verurteilen lassen, dann wäre er nach der herrschenden Lehre seines Rechtes aus der laesio enormis auf alle Zeit verlustig. Vergebens fragt man sich, weshalb dieser Unterschied? Wäre es denn nicht so unendlich viel natürlicher, einfach auf das zu schauen, was der erste Richter in Wahrheit entschieden hat, nur das in dem Urteil zu suchen und mit seiner Rechtskraft festzustellen, was wirklich in ihm steckt? Nur, ein Korrektiv freilich wäre ebenso notwendig, wie im Grunde selbstverständlich. Kann nur der ein indebitum zurückfordern, der in schuldlosem Irrtum befangen zahlte, so darf auch derjenige, der ein Urteil über sich ergehen ließ, in einem neuen Verfahren neue Rechtsbehelfe gegen den festgestellten oder für den aberkannten Anspruch nur dann geltend machen, wenn solches in dem früheren Verfahren unmöglich war. In diesem Sinn würde man auch heute noch im Prozeß eine Art von Eventualmaxime statuiren müssen.

Ich wende mich schließlich den Problemen der Lehre von der Beweislast zu. Was muß bewiesen werden und wer hat zu beweisen? Vielleicht keine Frage tritt so häufig an den Praktiker heran und heischt gebieterisch Entscheidung. Die Theorie ist unbefriedigend. Zahlreiche Streitfragen harren der Entscheidung. Namentlich hat früher eine unklare und haltlose Theorie von Rechtsvermutungen diese Lehre stark überwuchert und völlig verdunkelt. Sie gilt heute allgemein für überwunden. Indessen hat sich doch,

---

[7]) A. A. Planck, Lehrbuch des deutschen Civilprozeßrechts S. 270. 271, ohne es indessen näher zu begründen.

um mit Unger zu reden, mancher trübe Rest davon bis auf den heutigen Tag erhalten. Ist Unger selbst doch nicht frei von solchen trüben Resten! Soviel darf heute als allgemein anerkannt gelten, daß die Frage nach der Beweislast auf die Frage zurückzuführen ist, was muß behauptet werden und wer muß es behaupten. So lehrt Windscheid[8]): Der Kläger muß diejenigen Thatsachen beweisen, welche er zur Begründung des von ihm geltend gemachten Anspruchs behaupten muß. Ausführlicher Unger[9]):

„Die Frage, wer zu beweisen habe, löst sich in die Frage „auf, was zu beweisen sei. Die Beantwortung dieser Frage aber „richtet sich nach der Beantwortung der Frage, was zu behaup„ten sei. Die Thatsachen, welche eine Partei behaupten (an„führen) muß, um ihren Anspruch zu substantiiren, muß sie er„forderlichenfalls auch beweisen. Die Beweisverbindlichkeit hängt „daher aufs engste mit der Anführungsverbindlichkeit zusammen. „Die zahlreichen Kontroversen über die Beweislast sind im Grunde „vielmehr Kontroversen über die Behauptungsverbindlichkeit und „die Streitfragen, welche Partei den Beweis zu führen habe, „lösen sich in die Fragen auf, ob eine Thatsache zu den Klage- (Replik-) Thatsachen oder zu den Einrede- (Duplik-) Thatsachen „gehöre."

Aber es fällt Unger nicht ein, diese Theorie zur Durchführung zu bringen. Denn soviel, sollte man meinen, wäre für die herrschende Lehre unbestreitbar, daß, wer klagend ein Recht in Anspruch nehmen will, behaupten muß, daß dieses Recht zur Zeit des Rechtsstreits existire, und doch, wer verlangt diesen Beweis? Unger selbst nicht: die Partei, welche ein Recht in Anspruch nimmt, muß zwar das Fortbestehen dieses Rechts behaupten, da sie das Recht als ein gegenwärtiges in Anspruch nimmt, aber — sie braucht nun doch nicht zu beweisen, was sie behaupten muß — denn, so hören wir weiter, sie braucht diese allgemeine (?) Behauptung durch Anführung individueller Thatsachen nicht zu substantiiren und hat daher auch die zur Begründung jener Behauptung der Fortdauer ihres Rechts etwa angeführten (negativen) Thatsachen nicht zu beweisen. Es ist bezeichnend, wie Unger sich hier windet, offenbar bloß um den Ausdruck zu vermeiden, daß die Fortdauer des einmal ent-

---

8) Pandekten § 133 Nr. 1.

9) System des österreichischen Privatrechts Bd. II S. 563.

standenen Rechts vermutet wird. Er mußte ihn vermeiden, denn auf S. 590 a. a. O. bezeichnet er diese Vermutung als bei Bethmann-Hollweg erhaltenen trüben Rest der älteren Theorie. Was er aber vermeidet, ist in Wahrheit nur das Wort, nicht die Sache, die er auf S. 451 (a. a. O.) noch ausführlich zu begründen unternimmt:

„Hätte Kläger nicht bloß das Vorhandensein der rechts„erzeugenden Thatsachen, sondern auch das Nichtvorhandensein „aller denkbaren rechtshindernden und rechtsvernichtenden That„sachen zu behaupten und zu beweisen, so würde ihm von vorn„herein alle Aussicht auf Erfolg genommen sein. . . Es erscheint „daher als eine Forderung der natürlichen Billigkeit, in „dem Kampf der streitenden Parteien Sonne und Wind gleich zu „verteilen und nicht alle Last dem sein Recht suchenden Teil auf„zubürden."

Eine merkwürdige Billigkeit! Nicht allein, daß es jedermann freisteht, nach Belieben mich zu verklagen und damit mich zu zwingen, alle Gefahren, Lasten und einstweilen auch alle Unkosten eines Prozesses auf mich zu nehmen, nein, ich muß auch noch so liebenswürdig sein, einen Teil der Beweise, die eigentlich dem Kläger obliegen, mir aufladen zu lassen. Ist das billig? Puchta[10]) nennt es denn auch offen eine praesumptio juris, daß der Beweis eines Rechts durch den Beweis seiner Erwerbung geführt wird, und dem die gegenwärtige Existenz leugnenden Gegner der Beweis dieser Behauptung (sic!), also der Aufhebung des Rechts obliegt. Wächter[11]) bezeichnet es als Voraussetzung: die Fortdauer, die gegenwärtige Existenz eines früher entstandenen Rechts und Rechtsverhältnisses ist etwas Ideelles, äußerlich nicht Wahrnehmbares und wie Savigny richtig sagt, absolut unerweislich; sie muß als natürliche Folge der Entstehung des Rechts stets in dem oben entwickelten Sinn vorausgesetzt werden. Windscheid[12]) lehrt ohne weitere Begründung, daß der Kläger nur solche Thatsachen zu behaupten brauche, welche den geltend gemachten Anspruch zu begründen imstande sind. Ganz vage klingen die Ausführungen Dernburgs[13]): „Der leitende Grundgedanke für die Anführungs-

---

[10]) Puchta, Pandekten § 97 Text bei Note h.

[11]) Wächter, Pandekten I § 101 Beil. II sub II⁴ S. 526.

[12]) Pandekten a. a. O.

[13]) Dernburg, Preußisches Privatrecht Bd. I § 126 5. Aufl, S. 273.

pflicht ist, daß der Richter das Vorbringen derjenigen Thatsachen zu fordern hat, welche nach der Beurteilung eines verständigen, die Lebensverhältnisse klar überschauenden Mannes zur Annahme des Bestehens des fraglichen Rechts führen müssen. . . . Nach den (hieraus sich ergebenden) Regeln hat der Kläger nur diejenigen Thatsachen zu erzählen, denen sein Recht die Entstehung verdankt usw." Daß sachlich auch hier bei Dernburg wie bei Windscheid jene Rechtsvermutung aufgestellt wird, ist unbestreitbar.

Es ist wohl verständlich, daß man sich vor dieser Vermutung so sehr scheut. Mit guten Gründen hält die heutige Theorie daran fest, nur solche Vermutungen zuzulassen, die in den Rechten bescheinigt und begründet sind. Diese Vermutung vermag man aber nicht zu begründen. Sie wäre auch merkwürdig genug. Alle Dinge verändern sich und vergehen, warum sollte denn gerade den Rechten eine so unbegreifliche Dauerhaftigkeit beikommen. Und auffallend im höchsten Grade: in dem Moment, wo 30 Jahre oder wieviel ins Land gegangen sind, schlüge obendrein jene Vermutung plötzlich und unvermittelt in ihr direktes Gegenteil um, und gleich mit solcher Wucht, daß nicht einmal der Gegenbeweis zulässig ist. Ich meine, man fühlt deutlich, daß der Grund der besprochenen Erscheinung hier nicht liegen kann.

Wir brauchen denn in Wirklichkeit auch die Vermutung durchaus nicht. Alles erklärt sich auf Grund alter und wohlbekannter Grundsätze des Prozesses einfach und natürlich. Nur muß man freilich meiner Theorie der Rechte beipflichten. Was an einem Rechte in Wahrheit existirt, sind eben nur und ausschließlich jene klagbegründenden Thatsachen. Mehr kann in Bezug auf seine Rechte der Kläger garnicht behaupten und mehr braucht er daher auch nicht zu beweisen. Alles Übrige besteht in Schlußfolgerungen, logischen Operationen, die bald hier bald dort, von Diesem oder Jenem an den faktischen Thatbestand angeknüpft werden können, denen inhaltlich aber irgend eine konkrete Existenz nicht beikommt. Sie sind wahr, aber diese Wahrheit ist raum- und zeitlos. Sie gelten, mag jener Thatbestand gestern oder vor zehn Jahren oder vor einem Jahrhundert stattgefunden haben. Und umgekehrt, hat das betreffende Ereignis heute stattgefunden, so werden die juristischen Schlußfolgerungen daraus heute und morgen, vorausgesetzt nur, daß sie richtig sind, nicht anders lauten, als zehn Jahre später. Sobald also ein Thatbestand feststeht, sei es, daß er bewiesen ist oder zugestanden wird, aus dem der vom Kläger in Anspruch genommene Imperativ als Konsequenz folgt, so hat der Richter diese Konsequenz zu ziehen, gleichgültig, wann das Ereignis stattgefunden hat. Das ändert sich nur, sobald Thatumstände hervortreten, welche nach den Regeln der geltenden Rechtsordnung jenen Schluß auf den beanspruchten Imperativ unterbrechen oder bei dieser Sachlage nun nicht mehr gestatten (wenn beispielsweise Bezahlung erfolgt ist oder Kläger seinerseits nicht erfüllt hat, oder eine Gegenforderung besteht). Stehen solche Thatumstände fest, so wird eben die Klage abzuweisen sein, solange sie aber überhaupt nicht in den Prozeß eingeführt sind, ist es wiederum nur der Ausfluß einer wohlbekannten Regel, daß der Richter ohne alle Rücksicht auf sie zu entscheiden hat: quod non est in actis, non est in mundo. Der Kläger wird sich hüten, solche Umstände anzuführen. Niemand kann ihn dazu zwingen, selbst wenn er sie kennt und zugestehen muß, noch weniger natürlich dann, wenn er sie bestreitet. Es wird also dem Beklagten nichts übrig bleiben, als seinerseits vorzugehen und die nötigen Behauptungen aufzustellen, die er dann auch nach dem oben aufgestellten Grundsatz wird beweisen müssen. Ob dabei der Kläger ehrlich handelt oder nicht, ist eine andere Frage. Nicht darum handelt es sich hier, was eine Partei thun muß, will sie den Prozeß anständig und ohne Hinterhalt führen, sondern nur darum, was sie erfüllen muß, um nach den Normen des Prozesses obzusiegen. Hat der Kläger doloserweise einen relevanten Umstand verschwiegen, so erreicht er es vielleicht, unter Benutzung der Prozeßregeln ein Urteil zu erschleichen, es ist aber nirgends gegen diese Prozeßregeln als solche verstoßen.

So läßt sich mit Leichtigkeit, lediglich aus dem Zusammenwirken zweier anerkannter Rechtsregeln: jura novit curia und quod non in actis, non in mundo[14]), eine Erscheinung ableiten, die ebenso anerkannt ist, wie sie bisher aller Erklärung gespottet hat. Ich glaube hierin eine der stärksten Stützen meiner Theorie erblicken zu dürfen.

---

[14]) Soweit ich sehe, ist es von Neueren nur Reinhold, die Lehre von dem Klaggrunde, den Einreden und der Beweislast, Berlin 1888, der obige Erscheinung ausdrücklich mit der Verhandlungsmaxime in Zusammenhang bringt (a. a. O. S. 17 fg). Da aber auch er an dem Dogma von der Existenz der Rechte festhält, will seine Darstellung nicht befriedigen.

Die Konsequenzen führen aber weiter zu klaren und, wie mich dünkt, befriedigenden Ergebnissen in der Frage nach dem sogenannten qualifizirten Geständnis. Auch hier steht die wissenschaftliche und theoretische Behandlung des Gegenstandes in keinem Verhältnis zu seiner praktischen Bedeutung. Er besonders hat unter dem Schicksal gelitten, einem Grenzgebiet anzugehören, das Prozeßualisten und Pandektisten sich gegenseitig zuzuschieben pflegen. Am meisten wird noch die Frage erörtert, wer zu beweisen hat, wenn der Beklagte behauptet, das Rechtsgeschäft sei unter einer Bedingung geschlossen, und in neuester Zeit hat die auf demselben Gebiet liegende Kontroverse zu einem lebhaften und vielbeachteten Meinungsaustausch geführt, wen die Beweislast trifft, wenn der Verkäufer den angemessenen Preis als stillschweigend verabredet beansprucht, während der Beklagte sich darauf beruft, daß ein geringerer Preis ausdrücklich vereinbart sei[15]. Die Frage lautet aber, wie dort zutreffend hervorgehoben ist, im Grunde sehr viel allgemeiner. Im 62. Bande des Archivs für civilistische Praxis hat Römer eine übersichtliche Darstellung der Rechtsprechung der obersten deutschen Gerichtshöfe und des Reichsoberhandelsgerichts über das qualifizirte Geständnis bis zum Jahre 1879 gegeben[16]. Römer ist entschiedener Anhänger der herrschenden Lehre, die wenigstens in den Grundzügen sich der weitestgehenden Anerkennung zu erfreuen hat und sich heute stolzen Hauptes als auf der ganzen Linie siegreich bezeichnen darf[17]. Römer stellt folgende Fälle zusammen:

I. Die Klage verlangt Zahlung des Kaufpreises, der Beklagte macht geltend, der Gegenstand sei ihm an Zahlungsstatt für eine Schuld des Klägers an ihn, den Beklagten, gegeben worden.

Kläger hat den Kauf zu beweisen (Reichsoberhandelsgericht).

II. Im Jahre 1863 beabsichtigte die hessische Regierung die Emission neuen Papiergeldes. Der Kläger Will und der Beklagte Krutthofer vereinbarten für den Fall des Gelingens der Bewerbung um Übertragung der Anfertigung dieses Geldes, daß die Herstellung

---

[15]) Vgl. Stölzel, Schulung für die civilistische Praxis. Berlin 1894. S. 50 fg. Dagegen: v. Knieriem, Behauptungspflicht und Beweislast bei der Klage auf Zahlung eines angemessenen Kaufpreises. Berlin 1896. Dawider Stölzel in Zeitschrift für deutschen Civilprozeß Bd. XXII S. 553 fg.

[16]) S. 149 fg.

[17]) Stölzel in Zeitschrift für deutschen Civilprozeß S. 558, verbis: Es (das Buch v. Knieriem's) vertritt — eine längst verlorene Sache.

auf gemeinschaftliche Rechnung erfolgen und Gewinn und Verlust zu gleichen Teilen gehen sollte. Die Bewerbung hatte keinen Erfolg und nun forderte Will (Techniker) von Krutthofer (Drucker) Vergütung der Hälfte nicht nur seiner Auslagen, sondern auch der von ihm geleisteten Arbeiten. Die Parteien waren einig darüber, daß Kläger schon vor Abschluß des Vertrages eine Methode erfunden habe, photographisch nicht nachbildbare Drucksachen herzustellen, und daß diese Erfindung auch bei der Anfertigung des in Rede stehenden Papiergeldes zur Anwendung kommen sollte, ohne daß Kläger für die Erfindung an sich eine besondere Vergütung zu beanspruchen hatte, wichen aber darin von einander ab, daß Beklagter behauptete, Kläger habe zugesichert, die Erfindung als eine bereits fertige, sofort und ohne weitere Proben auf die Herstellung des Papiergeldes anwendbare, ohne eine Vergütung dafür anzusprechen, in die Sozietät einzubringen, was Kläger bestritt.

Das Reichsoberhandelsgericht legte abweichend von den Vorderrichtern dem Kläger den Beweis auf, daß er bei den unmittelbar vor und bei Abschluß des Sozietätsvertrages gepflogenen Verhandlungen . . . dem Beklagten nicht die Zusicherung erteilt habe, es auch nicht die erklärte übereinstimmende Intention der Parteien gewesen sei (!), daß Kläger die Erfindung als eine fertige, sofort u. s. w. anwendbare in die Sozietät einbringen sollte.

III. Wenn der aus einem zweiseitigen Vertrag auf die Gegenleistung Belangte einwendet, Kläger habe zufolge des Inhalts des Vertrages ihm noch weitere Leistungen, als die in der Klage angeführten, zu machen, ist der Klagegrund geleugnet und hat Kläger zu beweisen (Oberappellationsgerichte Dresden und Oldenburg).

IV. Die Klage verlangt Zahlung des Kaufpreises für den an Beklagten mit Ausschluß der ganz wertlosen Stücke verkauften Gesamtvorrat an Lammfellen. Beklagter wendet ein, er habe den klägerischen Gesamtvorrat mit Ausschluß aller Felle von Nichtprimaqualität und mit Ausschluß des sogen. schlechten Schusses (Ausschusses) gekauft. Das Reichsoberhandelsgericht legte dem Kläger den Beweis des von ihm behaupteten Thatbestandes auf.

Auch das Reichsgericht hat diesen Standpunkt (III, IV) in mehreren Entscheidungen festgehalten, s. Bolze, Praxis des Reichsgerichts Bd. 1 Nr. 1764 (s. dagegen 1765), 1768, Bd. 4 Nr. 1236, Bd. 7 Nr. 1047 (s. dagegen 1049), Bd. 9 Nr. 761, Entscheid. des

Reichsgerichts Bd. 7 S. 45, davon abweichend (trotz Versicherung des Gegenteils) Bd. 6 S. 79.

V. Die Behauptung eines dem beklagten Käufer beim Abschluß des Handels vom klagenden Verkäufer bewilligten Rabatts hat das Oberappellationsgericht Kiel nicht als Vereinbarung eines Kaufs zu dem vom Verkäufer geltend gemachten, vom Käufer zugestandenermaßen vereinbarten Preise, sondern als Einrede eines teilweisen Erlasses aufgefaßt und hat demnach den Käufer für beweispflichtig erklärt. Das Reichsoberhandelsgericht hat geschwankt. Römer entscheidet sich für die Beweispflicht des klagenden Verkäufers und macht hiervon nur eine Ausnahme, wenn der Rabatt in einer nachträglichen Nebenberedung bewilligt wird.

VI. Der beklagte Käufer weigert sich, die Waare anzunehmen und den Kaufpreis zu bezahlen, weil er den Kauf als Fixgeschäft geschlossen habe, die verabredete Lieferzeit aber nicht eingehalten worden sei. Das Oberappellationsgericht Kassel legte dem Kläger den Beweis auf, „daß bei dem Abschlusse des fraglichen Vertrages von einem bestimmten Lieferungstage keine Rede gewesen sei."

VII. Für gelieferte Arbeiten verlangt Kläger den angemessenen Preis, Beklagter macht geltend, daß ein niedrigerer Preis vereinbart sei. Das Obertribunal zu Berlin hat geschwankt, das Oberappellationsgericht Wolfenbüttel und das Reichsoberhandelsgericht haben den Kläger für beweispflichtig erklärt, was Römer billigt.

Ebenso entscheiden das Reichsgericht (Bolze, Praxis des R.G. Bd. 6 1051, Bd. 9 765d) und die Oberlandesgerichte zu Kassel (Seuffert, Arch. Bd. 48 Nr. 256) und Hamburg (Seuffert, Arch. Bd. 50 Nr. 5)[18]).

VIII. Es wird vom Beklagten behauptet, das Geschäft sei auf der einen oder der anderen Seite nicht im eigenen, sondern im fremden Namen geschlossen worden. Die meisten obersten Gerichtshöfe legen dem, der den Anspruch erhebt, den Beweis auf, daß er bezw. daß der Gegner im eigenen Namen kontrahirt habe. Auch

[18]) Auf demselben Standpunkt steht Stölzel in dem oben (Anm. 15) citirten Werke, dagegen v. Knieriem a. a. O. So sicherlich Letzterer in Einzelheiten Recht hat, so glaube ich doch, daß vom Standpunkt der herrschenden Lehre aus Stölzel der Konsequentere ist. Die Erwiderung Stölzels an seinen deutschen Gegner aus den Ostseeprovinzen (der aber nicht Russe ist, was man in Berlin eigentlich wissen müßte!) wäre besser ungedruckt geblieben. Sie ist persönlich gereizt und wissenschaftlich flau.

Römer entscheidet sich dahin. Ebenso hat das Reichsgericht entschieden (Bolze, Praxis des R.G. Bd. 2 1601, Entsch. des R.G. Bd. III S. 122).

IX. Der in Anspruch Genommene bestreitet die Befugnis desjenigen, der in seinem Namen gehandelt hatte, ihn zu vertreten, oder er behauptet, daß sein Vertreter seine Vollmacht überschritten hat. Die Oberappellationsgerichte zu Wiesbaden, Wolfenbüttel und das Obertribunal zu Stuttgart haben sich für die Beweispflicht des Gegners erklärt, ebenso Römer.

X. Der Fall der Bedingung und Befristung. Über die Suspensivbedingung herrscht heute kaum noch ein Streit. Zweifelhafter sind Theorie wie Praxis im Fall der Resolutivbedingung. Die herrschende Meinung erklärt den Beklagten für beweispflichtig. Römer billigt es, aber nur für den Fall, daß die Setzung der Bedingung durch ein suspensivbedingtes Nebengeschäft erfolgt, nicht dagegen dann, wenn Hauptgeschäft und Bedingung in einem einheitlichen Geschäft zustande kommen.

Den Fall der Befristung will Römer ganz ebenso wie den der Bedingung entscheiden, während Unger den Beweis einer aufschiebenden Befristung vom Beklagten verlangt und ebenso das Reichsoberhandelsgericht entschieden hat.

Das Reichsgericht steht bezüglich der Suspensivbedingung auf dem allgemein geteilten Standpunkt, bezüglich der Resolutivbedingungen erklärt es den Beklagten für beweispflichtig (Bolze, Praxis des R.G. Bd. 1 1757, Entscheid. des R.G. Bd. 28 S. 145). Ebenso das Oberlandesgericht Braunschweig (Seuffert, Arch. 49 Nr. 150).

Der Fall einer auflösenden Befristung, den das Obertribunal zu Stuttgart zu entscheiden hatte (Römer a. a. O. S. 169, Seuffert, Arch. 5 239) soll uns weiter unten noch beschäftigen.

XI. Ort der Erfüllung. Bestreitet der aus einem zweiseitigen Vertrage in Anspruch Genommene seine Verbindlichkeit zu leisten, weil ihm vertragsmäßig an einem anderen Orte zu leisten sei, als an welchem der Kläger zu leisten bereit ist, so hat der aus dem Vertrag Klagende zu beweisen, daß nach dem Inhalt des Vertrages an dem Orte zu leisten sei, an welchem zu leisten er bereit ist, und nicht der in Anspruch Genommene, daß die Leistung an einem anderen Orte verabredet sei. So hat das Reichsoberhandelsgericht entschieden.

XII. Macht der auf Erfüllung eines Rechts usw. Belangte geltend, es seien ihm bestimmte Eigenschaften der Sache versprochen worden, dieselben fehlen aber der gelieferten Sache, so ist zwischen Spezies- und Genuskauf zu unterscheiden. Beim Spezieskauf liegt nach einer Entscheidung des Reichsoberhandelsgerichts (Entscheid. Bd. 20 Nr. 90) in einem solchen Falle das Versprechen einer unmöglichen Leistung vor, thatsächlich mithin das Versprechen des Schadensersatzes für den Fall, daß die Sache die versprochene Eigenschaft nicht habe. Deshalb sei das Vorbringen des Beklagten nicht Leugnen des Klagegrundes. Denn insoweit, als der in Anspruch Genommene damit geltend machen will, der Gegner habe nicht erfüllt, sei ja der Vertrag, als auf etwas Unmögliches gerichtet, nichtig; soweit der in Anspruch Genommene ein Versprechen, Schadensersatz leisten zu wollen, geltend macht, macht er einen selbständigen, von der Forderung des Gegners juristisch verschiedenen (?) Anspruch geltend, der überhaupt nur dann zulässig sei, wenn die Voraussetzungen der Kompensation zutreffen. Unzweifelhaft müsse er daher diesen Anspruch und namentlich die Verabredung, welche dessen Grundlage bildet, beweisen.

Beim Genuskauf dagegen soll das entsprechende Vorbringen des Beklagten motivirtes Leugnen sein und der Kläger wird hier für beweispflichtig erklärt.

So hat auch das Reichsgericht entschieden (Bolze, Praxis des R.G. Bd. 2 1635. 1639).

XIII. Der Kauf nach Probe bietet gegenüber dem vorigen Fall nichts Besonderes.

XIV. Einrede der Erfüllung. Der Beklagte behauptet Zahlung, Kläger replizirt, die erfolgte Zahlung habe sich auf eine andere Schuld bezogen; der Beklagte erwidert, es sei über die Schuld, auf welche die Bezahlung erfolgen solle, nichts ausgemacht, nach den gesetzlichen Regeln sei die Zahlung auf gegenwärtige Schuld anzurechnen.

Das Reichsoberhandelsgericht hat dahin entschieden, der Schuldner müsse beweisen, daß beim Akte der Zahlung keine Bestimmung darüber getroffen sei, auf welche der mehreren Forderungen die Zahlung angerechnet werden solle.

XV. Der aus dem Kauf von Tabak auf Zahlung des Kaufpreises belangte Käufer weigerte die Zahlung, u. a. weil beim Abschluß des Kaufes der Reisende des Verkäufers die Zusicherung erteilt habe, daß an zwei in den Akten genannte Firmen Tabak derjenigen Partie, von welcher er erhalte, nicht billiger als ihm verkauft werden dürfe. Dieser Zusicherung sei zuwider gehandelt worden, und er, Beklagter, halte sich hiernach für berechtigt, die ihm von den Klägern geschickten 5 Ballen zur Disposition zu stellen. Das Reichsoberhandelsgericht erblickte in jenem Vorbringen das Geltendmachen einer Nebenberedung, aus welcher nur ein Anspruch auf Ersatz des Interesses abgeleitet werden könnte, und erklärte den Beklagten für beweispflichtig.

Ebenso hat das Reichsgericht in zahlreichen Entscheidungen bezüglich der Nebenberedungen den diese behauptenden Beklagten für beweispflichtig erklärt. (Bolze, Praxis des Reichtsgerichts Bd. 1 Nr. 1765, 11 Nr. 757, 770, 772.)

Unter Nr. XVI schließlich erörtert Römer die Frage bezüglich eines Zug um Zug erfüllten Kaufvertrages in viel zu knapper und daher wenig befriedigender Weise.

Im einzelnen herrscht, wie man sieht, Unsicherheit und Streit. Im Grundgedanken aber — und wie ich nun eben glaube, im falschen Grundgedanken — ist man sich einig. Die Kasuistik, welche Seuffert in seinem Kommentar zur Civilprozeßordnung zu § 262 giebt, dürfte der herrschenden Lehre im allgemeinen entsprechen und ein übersichtliches Bild von ihr geben:

„Kein Geständnis, sondern Bestreitung des Klagegrundes liegt „vor, wenn der Gegner das Zustandekommen eines Geschäfts „anderer Art behauptet, z. B. der Kläger behauptet Kaufgeschäft, „der Beklagte Hingabe an Zahlungsstatt. Ebenso wenn der „Beklagte zwar ein Rechtsgeschäft der vom Kläger behaupteten „Art zugiebt, aber behauptet, daß das Geschäft in anderer Weise, „z. B. daß das Kaufgeschäft über Gegenstände anderer Qualität „oder über eine andere Quantität oder mit anderer Preis„bestimmung geschlossen, oder daß bei einem Gesellschaftsvertrage „eine andere als die vom Kläger angegebene Vereinbarnng über „die Beteiligung am Gewinn und Verlust getroffen sei. Ebenso „wenn der Beklagte behauptet, das Geschäft sei von dem Kläger „oder dem Beklagten nicht im eigenen, sondern im fremden Namen „abgeschlossen. Auch wenn der Beklagte vorbringt, daß das „Geschäft, woraus der Kläger Rechte geltend macht, eine auf„schiebende Bedingung enthalte, deckt sich sein Vorbringen nicht „mit der Behauptung des Klägers; es ist daher kein Geständnis,

„sondern Bestreitung des die Klage begründenden Thatbestandes „vorhanden. Die Behauptung des Beklagten, daß dem Geschäft „eine auflösende Bedingung eingefügt sei, wird vielfach ebenso „wie die Behauptung der aufschiebenden Bedingung behandelt. „Wer aber die auflösende Bedingung als eine neben dem Haupt„geschäfte bestehende aufschiebend bedingte Resolutionsklausel be„trachtet, muß folgerichtig ein Zugeständnis des Hauptgeschäfts „annehmen und den Beweis der Resolutivklausel dem Beklagten „anheimstellen. Behauptet der Beklagte, daß dem Geschäft ein „Anfangs- oder Endtermin beigefügt sei, so ist zu unterscheiden, „ob eine Bestimmung über die Zeit der rechtsgeschäftlichen Wir„kungen zu den wesentlichen Erfordernissen des Geschäfts gehört „oder nicht. Sie gehört z. B. zum Miet- und Pachtvertrage und „zum Fixgeschäfte. Behauptet der Beklagte bei einem solchen „Geschäfte eine andere Zeitbestimmung als die aus den Be„hauptungen des Klägers sich ergebende, so liegt darin eine „Bestreitung. Dagegen dürfte bei Geschäften, zu deren Er„fordernissen Bestimmungen über die Zeit nicht gehören — z. B. „bei Kaufgeschäften —, in den Behauptungen des Beklagten, daß „dem Geschäft ein Anfangs- oder Endtermin beigefügt ist, und „dadurch die nach dem Gesetz eintretenden Wirkungen hinaus„geschoben oder begrenzt wurden, ein Zugeständnis mit selb„ständiger Behauptung zu finden und daher vom Beklagten der „Beweis zu verlangen sein. Behauptet der Beklagte, daß n a c h „Abschluß des Geschäfts eine Verabredung stattgefunden habe, „wodurch eine Bedingung, ein Anfangs- oder Endtermin gesetzt „wurden, so liegt ein Zugeständnis mit selbständiger, vom Be„klagten zu erweisender Behauptung vor. Das Gleiche gilt von „der Behauptung, daß von dem bedungenen Kaufpreis ein Rabatt „für den Fall der sofortigen Zahlung gewährt sei.“

Man hat diese, in ihrer Grundlegung vornehmlich auf B e t h m a n n - H o l l w e g zurückzuführende Theorie in der Literatur als Leugnungstheorie bezeichnet. Es ist leicht zu zeigen, daß sie auf einem logischen Fehlschluß — einer handgreiflichen quattornio terminorum — beruht, und in einem gewissen Sinne ist es der alte Fehler einer mangelhaften Unterscheidung zwischen Konkretem und Abstraktem, dem wir hier wiederum und nun zum letzten Male begegnen.

Wir sahen, daß bei der Entscheidung eines Rechtsstreites sich dem Richter zwei Stoffmassen bieten, die Thatsachen auf der einen Seite, das Recht auf der anderen. Zur Herbeischaffung dieser Stoffmassen ist er einerseits durchaus nicht, andererseits ausschließlich auf die Thätigkeit der Parteien angewiesen. Es kann daher auch der von den Parteien nötigenfalls zu erbringende Beweis sich nur auf diese Maße, auf konkretes wirkliches Geschehen beziehen. Auch vom Geständnis — mag man sonst über seine Natur als Beweismittel streiten — ist das zuzugeben. Insofern ist der Obersatz, von dem jene Theorie ausgeht, unbestreitbar. Der Kläger muß seinen Anspruch, d. h. die Grundlage desselben, den Thatbestand, das ihm zu Grunde liegende faktische Geschehen beweisen, wenn es vom Beklagten geleugnet wird.

Indem man sodann,

> ausgehend von dem Gedanken, daß Kauf etwas anderes ist als Hingabe an Zahlungsstatt, Geschäft im eigenen Namen etwas anderes als Geschäft im fremden Namen, bedingter Vertrag etwas anderes als unbedingter,

den Untersatz aufstellt: Wenn Beklagter unter Geständnis im übrigen behauptet:

> er habe nicht gekauft, sondern an Zahlungsstatt empfangen,
> er habe im fremden Namen gehandelt,
> es sei eine Bedingung gesetzt worden,

so leugnet er das Vorbringen des Klägers, gelangt man zum Schluß:

> Also muß Kläger beweisen,
> daß gekauft (nicht an Zahlungsstatt empfangen) ist,
> daß Beklagter im eigenen (nicht im fremden) Namen gehandelt habe,
> daß unbedingt versprochen ist (die behauptete Bedingung nicht gesetzt ist).

Wer aber sieht denn nicht, daß das Leugnen im Obersatz und das Leugnen im Untersatz zwei ganz verschiedene Begriffe sind? Dort ist es lediglich die Verneinung einer thatsächlichen Behauptung, einer Aussage über ein konkretes, wirkliches Geschehen, hier ist es vielmehr Widerspruch gegen die Art und Weise der begrifflichen Auffassung, der an und für sich auch da erfolgen kann, wo die Parteien sich über das rein Thatsächliche völlig einig sind, der hier nur dadurch von besonderem Interesse wird, daß das Bestreiten der klägerischen Auffassung auf der Einführung neuen tatsächlichen Materials beruht. Dort, wo die Parteien über Thatsächliches nicht mehr streiten, spricht man von Deduktionen und Gegendeduktionen, dort würde man nicht von einem Leugnen reden können, ohne sofort der Fehlerhaftigkeit oder doch der Ungenauigkeit im Ausdruck geziehen zu werden. Hier täuscht die unklare Auffassung des wahren Sachverhalts über die Ungenauigkeit des Ausdrucks hinweg. Nun bin ich allerdings weit entfernt, zu behaupten, daß Bethmann-Hollweg und Andere nach ihm sich hierüber getäuscht hätten. Man hat das logische Verhältnis sicherlich nicht verkannt; gerade in diesem Gedanken eines Leugnens des begrifflich aufgefaßten Thatbestandes erblickte man einen glücklichen Griff des gefeierten Rechtsgelehrten. Gewiß war es ein geistreicher Gedanke, und wie bestechend er sein muß, beweist am besten der Umstand, daß er während eines Jahrhunderts die Wissenschaft in seinen Bann gefesselt hat und heute noch gefesselt hält. Aber man bedachte eines nicht. Nahm man das Leugnen in diesem Sinne, dann war der Obersatz nicht mehr richtig oder wenigstens bedurfte er dann des noch ausstehenden Beweises. Ich bin dem Versuch eines solchen Beweises nirgends in der Literatur begegnet.

Er ist denn auch in Wahrheit wohl nicht zu führen. Bleibt man dagegen bei dem einfachen und natürlichen Sinn des Wortes Leugnen, dann klingt der Obersatz fast wie ein Axiom, so selbstverständlich und so allgemein wird er anerkannt, und gehen wir mit diesem Begriff des Leugnens an der Hand einen Schritt weiter, so ist es unbestreitbar, daß der Beklagte, der den Empfang des Darlehns einräumt, aber behauptet, daß er sofort bei Beginn der Verhandlungen erklärt habe, daß er im Namen und Auftrag des A komme, so ist — sage ich — unbestreitbar, daß dieser Beklagte schlechterdings nichts leugnet von alledem, was der Kläger vorgetragen hat. Nicht anders wird es in zahlreichen Fällen sein, wo der Beklagte behauptet, daß der Kauf unter einer Bedingung geschlossen worden sei, daß ein geringerer, als der angeblich angemessene Preis vereinbart sei, daß bei der Zahlung von Geld ein Vorbehalt gemacht sei u. s. w. Wenn überall im Prozeß die Parteien sozusagen Herrscher über die Thatsachen sind, wenn der Richter als unbedingt wahr alle Thatsachen gelten lassen muß, worüber unter den Parteien kein Streit herrscht, warum in aller Welt soll es denn gerade in obigen Fällen anders sein. Der

Beklagte giebt doch zu, die Darlehnssumme unter Versprechen der Rückzahlung empfangen, die Vertragsverhandlung geführt, den Kauf geschlossen zu haben, er giebt zu, um es präziser auszudrücken, daß alles geschehen ist, was der Kläger behauptet. Man fragt sich vergebens, wo hier überall noch Raum für eine Beweisführung des Klägers sein soll. Alles steht fest, was der Kläger in seiner an und für sich schlüssigen Klage behauptet, nichts leugnet der Beklagte, und wenn dennoch der Schluß auf das Recht des Klägers noch nicht zulässig erscheint, so liegt das eben an den Behauptungen des Beklagten, ganz und garnicht an seinem Leugnen.

Halten wir an dieser Auffassung fest, so löst sich das schwierige Problem vom qualifizirten Geständnis mit einem Schlage, und wir verstoßen gleichzeitig gegen keine der anerkannten Prozeßrechtsnormen. Stets muß der Kläger, will er ein Recht begründen, ein fest umgrenztes Stück der Wirklichkeit aus seinem übrigen Zusammenhang herausreißen und vortragen. Nur auf die relevanten Thatsachen kommt es an, diese allein interessiren im Prozeß, und wenn der Kläger jenes gethan hat, so steht dem Richter nicht das Recht zu, über diesen Sachverhalt hinauszugehen. Was die Parteien ihm nicht unterbreiten, existirt nicht für ihn. Begründet der Thatbestand — sei er nun bewiesen oder zugestanden — das Recht, so hat er demgemäß zu entscheiden. Anders nur, wenn Thatsachen in den Prozeß eingeführt werden, welche geeignet erscheinen, jenen Schluß auf das Recht des Klägers zu unterbrechen. Auch sie selbstverständlich kommen nur in Betracht, wenn sie feststehen, und wenn sie geleugnet werden, so muß sie eben derjenige beweisen, der, um obzusiegen, sich auf sie berufen muß. Wie weit man sich aber von der richtigen Erkenntnis dieses Sachverhalts entfernt hat, lehrt jeder Blick in die Judikatur. Wenn beispielsweise ein oberstgerichtliches Urteil den Thatbestand folgendermaßen referirt (Seuff. Arch. Bd. 37, Nr. 157):

> „Die Klage ist auf einen Kauf gestützt. Beklagter hat den Kauf in Abrede gestellt und den Hergang der Sache selbständig vorgetragen, wonach er zwar die Sachen aus dem Geschäft des Klägers entnommen, jedoch an Zahlungsstatt für eine Forderung, die ihm der Kläger geschuldet habe,“

worauf sodann die Entscheidung folgt, so ist mit einem solchen Thatbestand schlechterdings nichts anzufangen. Von den eigentlichen Thatsachen, dem Hergang der Sache, wie Parteien ihn behaupten oder doch behaupten müßten, erfährt man nichts, und doch ist es eben unmöglich, ohne das zu sagen, wer beweispflichtig wäre. Nehmen wir an, der Kläger hätte vorgetragen, Beklagter sei in seinen Laden gekommen, habe gebeten, ihm Stoffe zu einem Anzuge vorzulegen, habe bei verschiedenen Stoffen nach dem Preise gefragt und schließlich einen Stoff zu 10 Mark das Meter mit dem Auftrag gewählt, von diesem Stoff 3 Meter an seinen Schneider zu schicken.

Demgegenüber könnte Beklagter sich in verschiedener Weise erklären. Er könnte sagen:

> Das ist richtig, aber einige Tage bevor ich zum Kläger ging (oder an demselben Tage, jedoch bevor ich anfing, die Stoffe auszusuchen) oder: während ich die Stoffe aussuchte, oder: nachdem ich den Stoff ausgesucht hatte, habe ich zum Kläger gesagt: Du schuldest mir so lange schon 100 Mark. Bares Geld bekomme ich doch nicht von Dir, dann trage es in Waarenlieferungen ab, worauf Kläger erklärt hat: Schön!

oder er könnte sagen:

> Was Kläger behauptet, ist richtig, aber Kläger ist mir schon lange 100 Mark schuldig und ich habe mir nur deshalb dort Waaren geholt, um zu meinem Gelde zu kommen. Meine Absicht war garnicht, Zahlung des Kaufpreises zu versprechen, ich habe von vornherein bei mir gedacht, die Waaren an Zahlungsstatt zu nehmen;

oder er könnte endlich sagen:

> Was Kläger behauptet, ist unrichtig. Nicht ich bin zu ihm in den Laden gekommen, sondern er ist zu mir gekommen, hat mir gesagt, er könne noch nicht bezahlen, ob ich nicht dafür Stoff aus seinem Geschäft entnehmen wollte, worauf ich nach Probe einen Stoff ausgesucht habe und durch meinen Schneider aus dem Geschäft habe holen lassen.

Man wolle sich überzeugen, daß die Darstellung des Oberlandesgerichts auf alle drei Fälle paßt und doch liegt in dem einen Fall vollständiges Bestreiten, in dem anderen völlige Einigkeit, im dritten ein Zugeständnis in Verbindung mit neuer Behauptung vor. Nur in diesem letzteren Fall ist ein qualifizirtes Geständnis gegeben und alle drei Fälle sind verschieden zu entscheiden. Im ersten hat Beklagter seine Behauptung zu beweisen, im zweiten wird er ohne weiteres verurteilt (falls er nicht die Kompensationseinrede vorschützt, die vielleicht schon verjährt ist), im dritten Fall muß der

Kläger beweisen. Und doch entscheidet das Oberlandesgericht lustig darauf los, giebt dem Beklagten einen Eid, von dem kein Mensch in der Welt sagen kann, was eigentlich in ihm steht, der Glückliche, der wahrscheinlich im besten Glauben lebt, daß er Recht hat und daß es die Wahrheit ist: ich habe nicht gekauft, schwört seinen Eid. Der Prozeß ist zu Ende und wenn dann der Kläger staunend und verständnislos sich fragt: wie kam es nur, durfte B denn schwören?, dann wird Römer zu ihm hintreten und ihm sagen: Sicherlich durfte er, ich will Dir's erklären, wenn Du es schon nicht verstehst: Habe ich nicht unwiderleglich bewiesen, daß Verkaufen ganz etwas anderes ist, als Hingeben an Zahlungsstatt?

Garnicht anders liegen die Dinge, wenn der Beklagte behauptet, er habe nicht im eigenen Namen kontrahirt. Trägt der Kläger vor, daß der Beklagte zu ihm gekommen sei, ihn gefragt habe, ob er Kapitalien ausleihe, daß er auf Bejahung erklärt habe, er brauche 1000 Mark auf ein Jahr und wolle sie mit 5% verzinsen, worauf er, Kläger, ihm das Geld gegeben habe, so ist die Darlehnsklage vollkommen begründet und muß Verurteilung zur Folge haben, wenn Beklagter diese Thatsachen als richtig anerkennt und weitere Behauptungen nicht aufstellt. Anders liegt es, wenn er etwa behauptete, er habe inzwischen zurückgezahlt; anders liegt es ebenfalls, wenn er erklärt — nicht etwa: ich habe nicht im eigenen Namen, sondern im Namen A.'s kontrahirt, das wäre eine ungenügende, weil völlig unverständliche Einlassung — wohl aber, wenn er sagte:

a) Tags zuvor habe ich Dir geschrieben, daß ich im Auftrage von A kommen und Dich um ein Darlehn für ihn bitten werde,

b) vor Beginn unserer Verhandlungen oder während unserer Verhandlungen habe ich erklärt, ich komme im Auftrage von A und will für ihn das Darlehn holen.

Das würde dann der Beklagte, wie er's behaupten muß, wenn es berücksichtigt werden soll, auch zu beweisen haben. Man wäre vielleicht eher geneigt, im Falle a das zuzugestehen, obwohl ich nicht einsehe, wie man vom Standpunkte der herrschenden Lehre aus es begründen wollte. Ich vermag aber auch zwischen den Fällen a und b einen begrifflichen Unterschied nicht zu erblicken, was von dem einen Falle gilt, muß auch vom anderen gelten. Es wäre vergebliches Bemühen, eine Grenze zu ziehen, wie viel Zeit zwischen beiden Vorfällen verlaufen sein müßte, damit nun auf einmal nicht mehr der Kläger, sondern der Beklagte den Beweis führen muß.

Ein anderer Fall wäre der, daß zwischen Parteien Streit entsteht, ob Beklagter eine Waare auf Grund des Kaufs oder der Kommission empfangen hat. Beklagter hat dem Kläger geschrieben: Senden Sie mir sofort 100 Ctr. Kaffee (dieser oder jener bestimmten Sorte) zu 85 Mark. Beklagter giebt das zu, behauptet aber, es sei vorher zwischen den Parteien verabredet, Beklagter solle regelmäßig derartige Waaren vom Kläger in Kommission empfangen. Ich wüßte nicht, was die herrschende Lehre dagegen einwenden könnte, daß Beklagter eine andere Art von Vertrag behauptet, den Kaufvertrag leugnet, den mithin Kläger beweisen müßte. Ob je ein Gericht so entscheiden und dem Kläger den Beweis auferlegen würde, daß eine solche Verabredung nicht getroffen sei, ist mir aber mehr als zweifelhaft.

Doch genug der Beispiele. Es würde zu weit führen und dürfte überflüssig sein, alle erdenklichen Fälle des qualifizirten Geständnisses nach dieser Richtung hin ausführlich zu erörtern. Bei Bedingungen, Befristungen, Bewilligung eines Rabatts, Verabredung einer Lieferfrist, eines besonderen Erfüllungsortes, bestimmter Zusagen, überall liegt es ebenso. In allen diesen Fällen hat es gar keinen Sinn zu fragen, wer muß beweisen? So abstrakt läßt sich diese Frage garnicht beantworten. Es muß vielmehr durch exakteste Feststellung des Sachverhalts, d. h. der Parteierklärungen, klargestellt werden, was ist bewiesen und unbestritten und was bedarf des Beweises. In letzterem Falle muß jedesmal der beweisen, der sich auf die betreffende Thatsache (Thatsache dreimal unterstrichen) berufen muß, um obzusiegen. Die Lehre ist also gerade das Gegenteil von dem Satze des französischen Rechtes, daß Geständnisse nicht geteilt werden dürfen, einem Satze, dessen tiefe Weisheit uns zwar in neuester Zeit noch gepriesen worden ist[19], in dem aber nach meinem und vieler Anderer Geschmack das französische Recht den Gipfel steifsten Doktrinarismus erklommen hat, und den die französische Rechtsprechung wohl nur deswegen erträgt, weil man anderwärts auch nicht gelernt hat, natürlich zu sein.

---

[19]) Vergl. Stölzel, Schulung S. 129. Dagegen v. Knieriem, Behauptungspflicht S. 57 fg.

Ich weiß sehr wohl, was man mir erwidern wird: du verlangst Unmögliches, wer kann sich denn des Vorgefallenen so in allen Einzelheiten entsinnen, wie deine Theorie es verlangt. Selbst wenn die Parteien es noch wüßten oder zu wissen glaubten, wo sind die Zeugen, die so bestimmt auszusagen vermöchten, und welche Partei schließlich möchte einen auf so exakte Thatumstände gestellten Eid noch leisten? Ich verkenne das keineswegs. Namentlich in den Zeiten des gemeinen Prozesses, der in den spanischen Stiefeln des Beweisinterlocuts einherschreiten mußte, wäre meine Theorie unmöglich gewesen. Sonst wäre sie vielleicht längst schon zum Durchbruch gelangt. Nach meinem Gefühl ist sie zu natürlich, als daß sie sich nicht einem Jeden schon einmal sollte aufgedrängt haben, der einigermaßen über diese Dinge nachgedacht hat. Gerade aber weil sie unter den obwaltenden Verhältnissen alsbald als undurchführbar erkannt werden mußte, hat vielleicht jener — in diesem Sinne glückliche — Gedanke v. Bethmann-Hollwegs so siegreich die Gemüter ergriffen. Heute ist aber dieses Hindernis fortgefallen. Das rechtskräftige Beweisinterlocut ist verschwunden, die Bewegung im Prozeß ist freier geworden, und der § 130 der C.P.O. erscheint wie zugeschnitten auf unseren Fall. Es bliebe daher nur noch die andere Unmöglichkeit oder sagen wir lieber Schwierigkeit. Es ist die oben schon besprochene Zuchtlosigkeit in unseren Formen des Rechtsverkehrs, das unglückliche Dogma von der Formlosigkeit der Verträge, von dem auch heute noch kein Mensch recht weiß, woher es eigentlich stammt. Diese Schwierigkeit ist sicherlich groß, sie darf aber nicht unüberwindlich sein. Solange sie das ist, leidet unsere ganze Rechtsprechung an einer inneren Unwahrheit, die ihr mit nichten zu Ehren gereicht.

Ich greife auf einen Rechtsfall zurück, den Römer mitgeteilt hat. Nach einer Entscheidung des Obertribunals in Stuttgart (Seuffert, Arch. Bd. 5 Nr. 239) ist das Anführen des in Anspruch Genommenen, der Vertrag sei ad diem geschlossen, Leugnen des Fundaments des Anspruchs. Der zu entscheidende Rechtsfall war folgender:

„Der Klage auf Bezahlung des Kaufschillings für eine Apo-„theke setzte der Beklagte die Einrede entgegen, der Kläger habe „ihm nach Abschluß des Kaufvertrages versprochen, die Apotheke „in dem Falle, wenn der Beklagte sein Fortkommen auf ihr nicht „finden sollte, um den nämlichen Preis wieder zurückzunehmen;

„da jener Fall wirklich eingetreten, so verweigere er die Bezahlung „des noch rückständigen Kaufschillings und verlange im Wege der „Widerklage, daß der Kläger die Apotheke um den Preis von „42 000 fl. zurücknehme.

„Der Kläger gab zu, daß er sich verbindlich gemacht habe, „die Apotheke in dem erwähnten Falle um den ursprünglichen „Kaufpreis zurückzunehmen, aber er habe sich nur auf Jahr und „Tag dazu verpflichtet, und innerhalb dieser Frist habe der Be„klagte von seiner Befugnis keinen Gebrauch gemacht." (Das Gericht hat sich für Beweispflicht des Beklagten entschieden.)

Auch hier vermißt man die zur sachlichen Entscheidung unbedingt erforderlichen Grundlagen. Auch hier ließe sich mit Leichtigkeit ausdenken, wie die Dinge gelegen haben mögen, damit beide Teile im guten Glauben den Rechtstreit führen konnten. Nehmen wir an, der beklagte Käufer B hätte im Laufe der Verhandlungen zum Verkäufer A gesagt: „Mir kommen doch Bedenken, ob ich es wagen kann, mein ganzes Vermögen in diese Sache zu stecken, der Platz ist klein und ob ich hier auf meine Rechnung kommen werde, ist mir zweifelhaft. Auf die Versicherung des A, daß das Geschäft gesund und lebensfähig sei, erwidert B: „So verpflichten Sie sich, die Apotheke zurückzunehmen, wenn ich in ihr mein Fortkommen nicht finde."

A: „Darauf kann ich nicht eingehen, dann könnten Sie nach zehn Jahren noch kommen und erklären, Sie finden Ihr Fortkommen dort nicht."

B: „Ach Gott bewahre, das muß sich ja binnen Jahresfrist herausstellen, wie das Geschäft geht."

Und nun erfolgt die entscheidende Antwort, entweder:

Nun gut, ich weiß, das Geschäft ist völlig lebensfähig, ich gehe auf Ihre Bedingung ein.

Oder:

Nun gut, dann will ich auf Ihren Vorschlag eingehen.

Oder:

Nun gut, wenn Sie's so meinen, will Ich auf Ihren Vorschlag eingehen.

Oder:

Schön! Innerhalb Jahr und Tag, darauf gehe ich ein.

Man sieht, jetzt fängt der Rechtsstreit eigentlich erst an. Im ersten und vierten Falle wird kaum ein Zweifel bestehen. Im zweiten und dritten dagegen läge die Sache auf des Messers Schärfe. Von diesen Feinheiten der Rechtsfrage erfahren wir aber nicht das Geringste. Alles verschwindet in einer mehr oder weniger geschickten Begriffsbehauptung der Parteien. Diese führen einen Kampf auf, den man mit Recht als die reine Spiegelfechterei bezeichnen könnte. Was der eine mit seiner Behauptung meint, ist ganz etwas anderes, als was der andere darunter versteht und bestreiten will. So hauen sie aneinander vorbei und der Richter ist natürlich weit entfernt, in das profane Reich realer Wirklichkeit hinabzusteigen. Statt sich mit seinen gesunden Gliedmaßen auf den natürlichen Erdboden zu stellen, schreitet er wie auf Stelzen in einer Nebelwelt von Begriffen einher, in der er sich erst wohl zu fühlen vermag, wendet er seine ganze Gelehrsamkeit auf, um zu einer scharfsinnigen und tiefdurchdachten Entscheidung zu gelangen, die im Grunde genommen gar keine Entscheidung ist. Es ist merkwürdig, zu beobachten, wie es uns Richter immer wieder unwiderstehlich und schleunigst in die Begriffe und Abstraktionen drängt, wie wir uns vor den nackten Thatsachen geradezu fürchten. Bereits beim Amtsgericht fängt es an, wenn der Amtsrichter unwillig wird, weil die Parteien ohne Anwalt erscheinen. Schlimmer ist's beim Kollegialgericht, wo uns die Anwälte mit ihrer wohlbereiteten Begriffskost schon den Magen derartig verwöhnt haben, daß wir die rohe ungekochte Wirklichkeit gar nicht mehr vertragen können. Und wenn wir uns notgedrungen einmal mit ihr befassen müssen, namentlich wenn es gilt, Zeugen zu vernehmen und diese obendrein ungeschickt sind, ihre Wahrnehmungen in juristischbegriffliche Auffassung zu kleiden, dann sind wir ratlos, dann erst dämmert uns eine Ahnung davon auf, wie denn eigentlich so ein Ding wie Anerkennung, Voraussetzung, Bedingung, Befristung und wie die Sachen alle heißen, von denen wir so viel gelesen und geredet haben, draußen im Laden und im Komtoir, auf den Straßen und auf Märkten aussieht.

Du verlangst Unmögliches, höre ich wiederum einwenden. Schon nach kurzer Frist kann kein Mensch sich mehr jedes Wortes entsinnen, das er gesprochen und vernommen hat. Das ist vollkommen richtig. Wie aber, wenn es nun einzig und allein auf diesen Wortlaut ankommt, den Niemand mehr kennt? Wäre es denn nicht ehrlicher, zu sagen: dein Rechtsstreit ist nicht zu entscheiden, dein Anspruch oder deine Einwendung ist nichts, wenn du nicht anzugeben vermagst, worauf du sie stützen willst, als daß wir

Entscheidungen fällen, die vollständig in der Luft schweben, Eide verlangen, die entweder das eigentlich Relevante garnicht wiedergeben oder nur bei etwas weiterem Gewissen geleistet werden können? Wäre es nicht nützlicher, den Parteien klar zu machen, daß sie das nächste Mal besser thun, zu Feder und Papier zu greifen, um sich vor Schaden zu bewahren, und die kleine Mühe namentlich da nicht scheuen, wo es sich um Summen wie 40 000 fl. handelt, als daß wir ein Auge zudrücken oder richtiger gesagt, uns ganz blind anstellen, und auf Grund ungenügender Zeugenaussagen oder gar auf Grund wertloser Eide vielleicht ebenso oft dem Unrecht zum Siege verhelfen, als dem Recht!

Es ist übrigens bei aufmerksamer Betrachtung auch garnicht zu verkennen, wie in der Rechtsprechung das gesunde Gefühl gegen eine künstliche Theorie immer wieder zum Durchbruch kommt. Bei der Resolutivbedingung, wo konsequente Vertreter der herrschenden Lehre an der Beweislast des Klägers festhalten, statuirt die herrschende Lehre eine theoretisch unhaltbare Abweichung. Einstimmig wirft man die ganze Theorie über den Haufen, wenn der Vertrag niedergeschrieben ist und Beklagter behauptet, außer den niedergeschriebenen seien noch andere Vertragsstipulationen getroffen worden. Die ganze Unterscheidung zwischen Haupt- und Nebenberedung, die mit der Lehre von der Beweislast in Wahrheit garnichts zu thun hat, in der Theorie der Gegner aber eine bedeutsame Rolle spielt, funktionirt hier, ich möchte sagen als Sicherheitsventil, mit dem man den schlimmsten Konsequenzen aus dem Wege gehen kann. In Wahrheit liegen die Dinge garnicht so, daß man je nach der Feststellung, ob Haupt- oder Nebenberedung, die Beweislast verteilt; oft nennt man umgekehrt Teile des Vertrages nur deshalb Nebenberedung, weil man fühlt, daß der sich auf sie berufende Beklagte beweisen muß. Wenn beispielsweise beim Kauf der Verkäufer 5 pCt. Rabatt oder 3 Monate Ziel bewilligt, so wüßte ich nicht, weshalb das nicht ein Stück der Preisberedung, also eines sehr wesentlichen Teiles des Vertrages sein sollte. Die herrschende Lehre gerät hier in die größten Schwierigkeiten. Wäre es Teil der Preisbestimmung, so müßte Kläger beweisen, daß die Vereinbarung nicht getroffen sei. Wäre es resolutivbedingter Preisnachlaß, müßte der Beklagte, wäre es suspensivbedingte Erhöhung, müßte wieder der Kläger beweisen. Mit einem eleganten Sprung nimmt man alle Hindernisse und gelangt dahin, wohin allerdings das gesunde Gefühl treibt wenn man das Ganze einfach eine Nebenberedung nennt. Wen das wissenschaftlich befriedigt, mit dem streite ich nicht.

Für die unklare und in Einzelheiten so bestrittene Lehre vom qualifizirten Geständnis kämen wir somit zu dem einfachen Resultat, daß das Geständnis durchaus geteilt, oder richtiger gesagt, daß es sorgfältig herausgeschält werden muß aus den Erklärungen des Beklagten, der kein dummer Junge ist und wissen muß, was er thut, während seine damit verbundenen neuen Behauptungen, falls sie überhaupt relevant sind, von ihm zu beweisen sind. Das Ganze gilt nun aber keineswegs nur vom Geständnis. Es kann, wie schon angedeutet wurde, keinen Unterschied machen, ob der Kläger des ihm obliegenden Beweises durch das Geständnis des Gegners überhoben wird oder ob er diesen Beweis durch Urkunden, Zeugen oder Eid geführt hat. In der Rechtsprechung freilich wird dieser Unterschied doch gemacht. Mit vollster Bestimmtheit da, wo der Vertragsinhalt in schriftliche Form gebracht ist, mit einigem Schwanken aber auch im Fall des Zeugenbeweises, befolgt man heute schon meine Theorie, und es zeigt sich, daß diese garnicht so neu und unerhört sein kann, als sie vielleicht Manchem erscheinen wird. Wenn der Beklagte einem vorgelegten Schriftstücke oder einer Zeugenaussage gegenüber behauptet, er habe aber noch mehr vereinbart, als niedergeschrieben sei oder als einbezeugt werde, er habe seine Zusagen von dieser oder jener Bedingung abhängig gemacht, es sei vierteljährliche Kündigung stipulirt u. s. w., so wird sicherlich kein Gericht hier dem Kläger den Beweis des Gegenteils auferlegen. Der VI. Senat des Reichsgerichts hat kein Bedenken getragen, für diesen Fall meine Lehre mit ausdrücklichen Worten zu verkünden. Es handelte sich um die Frage, wer zu beweisen habe, wenn bei einer erfolgten Zahlung gestritten wird, ob ein Vorbehalt gemacht sei oder nicht. Man höre (Entsch. des R.G. Bd. 29 S. 111):

„In der neueren deutschen Rechtsprechung ist diese Frage „hauptsächlich zur Sprache gekommen in Anlaß der Bestimmung „in § 307 Allg. Landrecht I 5, wonach der Gläubiger, der eine „verzögerte Erfüllung ohne Vorbehalt angenommen hat, keinen „Anspruch mehr auf die etwa verfallen gewesene Konventional„strafe hat; die Frage liegt indessen hierbei nicht anders, als in „jedem Falle dieser Art und nach preußischem Landrecht nicht „anders, als nach gemeinem Recht. Das frühere Obertribunal „zu Berlin verlangte vom Gläubiger den Beweis des Vorbehalts

„(unter Zustimmung Dernburgs), das Reichsoberhandelsgericht „dagegen vom Schuldner den Beweis der Vorbehaltlosigkeit, und „dem haben sich angeschlossen: Rehbein und Reincke, sowie „Förster-Eccius. Der I. Civilsenat des Reichsgerichts hat die „Frage unentschieden gelassen, der frühere I. Hilfssenat desselben „aber ist dem Reichsoberhandelsgericht beigetreten. Diese Ansicht „ist auch die richtige, da der Schuldner einen besonderen Er- „löschungsgrund für einen Teil seiner Verbindlichkeiten geltend „macht. Dabei versteht sich übrigens von selbst, daß diese Be- „weispflicht in demselben Sinne aufzufassen ist, wie die Beweis- „pflicht desjenigen, der die Unbedingtheit eines Rechtsgeschäfts „behauptet, der Beweispflichtige braucht nur einen Vor- „gang darzuthun, welcher an und für sich von einem „gemachten Vorbehalt nichts erkennen läßt. Immerhin „bleibt es dabei, daß, wo als Beweismittel nur die Eides- „zuschiebung zu Gebote steht, zunächst der Gläubiger Ge- „legenheit erhalten muß, die vom Gegner behauptete Vorbehalt- „losigkeit durch seinen Eid zu widerlegen."

Dem gegenüber muß man denn doch fragen, wo ist der Grund zu finden, weshalb zwischen Eid (sowie Geständnis) und anderen Beweismitteln hier ein Unterschied gemacht werden soll. Man kann wohl fragen, wer muß dieses, wer muß jenes beweisen, und kann darüber streiten. Davon aber kann die Antwort unter allen Umständen nicht abhängen, welcher Beweismittel der Kläger sich bedient, um die ihm obliegenden Beweise zu führen.

Die ihm obliegenden Beweise, ja welche sind das aber? Hiermit tritt noch eine Frage an uns heran, die ich bisher geflissentlich gemieden habe. Was oder wieviel muß der Kläger behaupten und nötigenfalls beweisen, um mit seinem Anspruch, Darlehns-, Kauf-, Eigentumsklage u. s. w., durchzudringen. Hierauf will ich jetzt noch kurz eingehen. Erst aber möchte ich den Leser bitten, einen Augenblick innezuhalten und sich umzuschauen. Wir stehen hier — täusche ich mich nicht — an einem interessanten Punkte, wir sind in diesem Moment im Begriff, die noch immer gesuchte, aber scharf gezogene Grenze zu überschreiten, wo die Lehre von der Beweislast aus dem Gebiete des Prozeßrechts in das des materiellen Rechts übertritt.

Wir sahen oben, daß sich jede Rechtsordnung in eine unzählige und unübersehbare Fülle einzelner — in der Rechtsanwendung stets bedingter — Imperative atomisiren läßt. Jeder Rechtsstreit hat einen oder den anderen dieser Imperative zum Gegenstand. Ihn gilt es zu finden, und um ihn in seinem vollen Gehalt zusammenzustellen, müssen wir, sozusagen, aus dem Repositorium unseres Rechtssystems bald hierher, bald dorther die einzelnen Bestandteile nehmen. Bei der Darlehnsklage zum Beispiel erschöpft sich der betreffende Imperativ keineswegs in dem einfachen Satz: wer Geld geliehen hat, muß ebensoviel zur verabredeten Zeit zurückgeben. Es kommen hinzu die Rechtssätze über Eigentumserwerb, über Dispositionsfähigkeit, Willenserklärungen und Willenseinigung u. s. w. An und für sich begründet ein Thatbestand das betreffende Recht nur dann, wenn er allen in diesen verschiedensten, speziellen, allgemeineren und allgemeinsten Rechtssätzen enthaltenen Vorschriften entspricht. Daß aber nach dieser Richtung hin des Klägers Vortrag nicht bis ins Einzelnste hinein erschöpfend zu sein braucht, daß er es nicht sein kann, ist allgemein anerkannt. Bestritten ist nur, wie hier die Grenzen zu ziehen sind. Wann ist der Richter berechtigt, aus einem bestimmten Thatbestand, auch ohne daß ihm diese sämtlichen Voraussetzungen nachgewiesen sind, den logischen Schluß auf das beanspruchte Recht zu vollziehen? Im Anschluß an die Lehre **Ungers**, welche noch immer die maßgebende sein dürfte und sichtlich auch die Gestaltung unseres bürgerlichen Gesetzbuchs vielfach beeinflußt hat, würde ich nach zwei Richtungen unterscheiden, einmal zwischen den allgemeinen und den spezifischen Voraussetzungen der Entstehung eines Rechts, und sodann zwischen allgemeiner Regel und besonderer Ausnahme. Diese Unterscheidungen sind an sich einfach und klar. Beim Kauf beispielsweise würden die Vereinbarungen über Preis und Gegenstand, Ort und Zeit der Lieferung u. s. w. zu den spezifischen, Rechtsfähigkeit und Handlungsfähigkeit der Parteien dagegen, Verkehrsfähigkeit der Sache, Ernstlichkeit der Erklärungen u. s. w. zu den allgemeinen Voraussetzungen gehören. Oft mag es streitig sein, wo und wie dieser Unterschied im Einzelnen durchzuführen ist, im Allgemeinen aber wird das Rechtssystem oder sollte doch wenigstens das richtig gefaßte Rechtssystem die Entscheidung dieser Frage an die Hand geben. Und nicht minder muß eine sorgfältige Analyse der Rechtssätze bezw. das zutreffende System die Relation zwischen allgemeiner Regel und besonderer Ausnahme erkennen lassen. Wenn das Recht zu redhibiren nur bei heimlichen Mängeln stattfinden soll, so entsteht die Frage, ob wirklich so die allgemeine Regel lautet, so daß der Kläger die Heimlichkeit des Mangels beweisen müßte, oder ob nicht vielmehr die allgemeine Regel nur dahin geht: wegen erheblicher, den Gebrauch beeinträchtigender Mängel kann der Käufer redhibiren, und hiervon nun die Ausnahme gemacht wird: der Käufer kann aber nicht redhibiren, wenn der Mangel ein bei Besichtigung erkennbarer war. Letzteres hätte dann der Verkäufer zu beweisen. Diese Fragen haben mit dem Prozeßrecht nichts zu thun, sie müssen aus dem materiellen Recht entschieden werden, aus dem Zusammenhang des Ganzen und aus der richtig erkannten Bedeutung der einzelnen Bestimmungen.

Von hier aus wird nun das oben besprochene Erkenntnis des Reichsgerichts in das richtige Licht gerückt. Die betreffende Bestimmung des allgemeinen Landrechts beruht auf dem Gedanken, daß die Konventionalstrafe nicht dazu dient, den einen Kontrahenten auf Kosten des andern zu bereichern, sondern vielleicht dazu, das Interesse zu fixiren, jedenfalls aber dazu, den Schuldner eifriger zu machen in der Erfüllung seiner Verbindlichkeit; daß sie im Falle der Verwirkung oft das wahre Interesse des Gläubigers an der rechtzeitigen Lieferung weit überschreiten und daß in solchem Fall der billig denkende Mann, wird nur die rückständige Hauptschuld erfüllt, auf Zahlung der Konventionalstrafe nicht weiter bestehen wird. Diesen allgemeinen Gedanken erhebt das Gesetz zur positiven Bestimmung, daß, wenn der Gläubiger die nachträgliche Erfüllung ganz oder zum Teil ohne Vorbehalt annimmt, er seines Anspruchs auf die Konventionalstrafe verlustig geht. Für die Regelung der Beweislast wird nun von Bedeutung, wie die logische Struktur dieses Satzes aufzufassen ist. Lautet er wirklich so, wie es auf den ersten Blick scheint, ist v o r b e h a l t l o s e A n n a h m e Voraussetzung des Rechtsverlustes, so daß der Schuldner, der sich darauf berufen will, eine solche v o r b e h a l t l o s e A n n a h m e beweisen müßte, oder ist es nicht richtiger, dahin zu interpretiren, daß die allgemeine Regel lautet: die Annahme der Hauptschuld hat Verlust des Strafanspruchs zur Folge, und die spezielle Ausnahme: wenn nicht der Gläubiger gegen diese Wirkung Protest einlegt. Ersteres nimmt das Reichsgericht an und es entspricht, wie nicht zu verkennen ist, dem Wortlaut des Gesetzes. Wenn ich mich gleichwohl für letzteres entscheide, so gebe ich zu, daß ich mich mit meinem Grunde hierfür gewissermaßen im Kreise drehe. Denn ich komme dazu, den Worten

Gewalt anzuthun, nur deshalb, weil es eben praktisch undurchführbar und logisch wie erkenntnistheoretisch verkehrt ist, die allgemeine Abwesenheit aller denkbaren Möglichkeiten zur speziellen Voraussetzung einer bestimmten konkreten Wirkung oder Schlußfolgerung zu machen. Wo allerdings einmal die Rechtsordnung mit ausdrücklichen Worten so etwas positiv bestimmen würde, wo die Interpretation des Wortsinns keinen Ausweg mehr ließe, müßte man es anerkennen. Zur Wahrheit würde man es damit allerdings doch nicht machen. Denn thatsächlich würde sich der Sachverhalt genau so gestalten, wie die herrschende Lehre es bei Bedingungen hält. Man verlangt garnicht den Beweis der Abwesenheit aller denkbaren Möglichkeiten. Man überläßt dem Gegner, denjenigen speziellen Fall, auf den er sich berufen will, zu behaupten, und fordert statt von ihm den Beweis, vom Gegner die Widerlegung. Es ist das eine Inkonsequenz, der garnicht zu entgehen ist, und eben deshalb auch den deutlichen Hinweis enthält, daß wir auf falscher Fährte sind.

Man darf aber, wie ich noch einmal betone, diese beiden Fälle — Vorbehaltlosigkeit und Unbedingtheit — durchaus nicht auf eine Stufe stellen. Dort entscheidet sich die Beweislast aus dem materiellen Recht, es fragt sich, ob der Schuldner mit der Behauptung der Annahme der Hauptschuld schon seinen Anspruch auf Befreiung von der Strafstipulation genügend substantiirt hat oder nicht, ob diese Behauptung, wenn sie feststeht, dem Richter bereits das Recht und die Pflicht auferlegt, den Schluß auf Tilgung der Strafschuld zu vollziehen, oder ob hierzu Behauptung (und demnächst Beweis) der Vorbehaltlosigkeit gehört. Dort bei der Unbedingtheit ist es zweifellos, daß, wer die Essentialien eines Kaufhandels behauptet, seinen entsprechenden Anspruch auf den Kaufpreis substantiirt hat. Behauptet der Gegner die Vereinbarung einer Suspensivbedingung, so muß er sie beweisen, um jenen an und für sich begründeten Schluß des Richters auf Dasein und Fälligkeit der Preisforderung zu unterbrechen. Dieses beruht nicht auf dem inneren Gehalt oder der logischen Relation der bezüglichen Sätze des materiellen Rechts. Es gilt dasselbe, wo der Beklagte sich auf gar keinen anderen Rechtssatz als der Kläger beruft. Wenn A von B den Kaufpreis in Höhe von 100 Mk. beansprucht und B seinerseits behauptet, es sei ein Exportrabatt von $33^1/_3$ pCt. vereinbart worden, so muß er das beweisen, nicht der Kläger widerlegen, obwohl es sich bei dieser Differenz garnicht um verschiedene Rechtssätze handelt. Dort bei der Vorbehaltlosigkeit können wir nur aus dem richtig verstandenen Satz des materiellen Rechts die Beweislast verteilen, hier ist es Ausfluß einer Prozeßrechtsnorm, nämlich der Verhandlungsmaxime, daß der Beklagte, will er sich auf Bedingtheit berufen, die Vereinbarung der Bedingung behaupten und im Fall der Bestreitung beweisen muß.

Im Anschluß hieran möchte ich noch ein anderes Urteil des Reichsgerichts (II. Sen.) besprechen, das in mehrfacher Richtung hier interessirt[20]:

„Obwohl der Berufungsrichter für festgestellt erachtet, daß „der Beklagte den Kläger durch einen Stockschlag verletzt hat, „weist er dennoch die Schadensersatzklage ab, indem er erwägt: „Da als wahrscheinlich anzunehmen sei, daß Beklagter im „Stande der Notwehr gehandelt habe, so stelle sich sein Handeln „nicht als schuldhaftes dar; jedenfalls habe der Kläger den ihm „obliegenden Beweis eines schuldhaften Verhaltens des Beklagten „nicht geführt. Hätte der Ber.-Richter den mit „jedenfalls“ be- „ginnenden Teil seiner Ausführungen weggelassen, so würde seine „Schlußfolgerung, daß das Handeln des Beklagten sich nicht als „ein schuldhaftes darstelle, gehöriger Begründung entbehren; denn „nur durch eine wirklich erwiesene Notwehr, nicht schon durch „die Wahrscheinlichkeit einer solchen, wird einer vorsätzlich verübten „Körperverletzung der Charakter einer rechtswidrigen That ent- „zogen; daß aber der Beklagte den verletzenden Schlag vorsätzlich „geführt hat, ist vom Ber.-Richter festgestellt, wenn auch nicht „unter Gebrauch des Wortes „vorsätzlich“. Es ist also weiter zu „prüfen, ob der Satz der Entscheidungsgründe: „Jedenfalls hat „der Kläger den ihm obliegenden Beweis nicht erbracht“, die „Entscheidung tragen kann. Dies ist aber nicht der Fall.

„Unter dem dem Kläger obliegenden Beweis versteht der „Ber.-Richter den Beweis eines schuldhaften Thuns und mit „Rücksicht auf den zur Entscheidung vorliegenden Fall den Be- „weis, daß der Beklagte den Schlag nicht in Notwehr geführt „habe; letzteres aber verstößt, wie der Kläger mit Recht geltend „macht, gegen die Grundsätze von der Beweislast, die für den „Civilrichter maßgebend sein sollen. Nach diesen Grundsätzen

---

[20]) Entsch. des Reichsgerichts Bd. 33 S. 352. Seuff. Archiv Bd. 50 Nr. 88.

„hat jeder der streitenden Teile die zur Begründung seiner An-
„träge dienenden Thatsachen, soweit nicht das Gesetz durch Auf-
„stellung von Vermutungen oder der Gegner durch Geständnis
„ihn davon befreit, zu beweisen. Wer auf Grund der Artikel
„1382, 1383 des code civil wegen einer erlittenen Körperver-
„letzung Schadensersatz verlangt, hat deshalb zu beweisen, daß
„der Beklagte die Verletzung schuldhaft, d. h. vorsätzlich oder fahr-
„lässig, verübt hat, während der Beklagte, welcher behauptet, die
„verletzende Handlung in berechtigter Weise zum Zwecke der Ver-
„teidigung gegen einen rechtswidrigen Angriff ausgeführt zu haben,
„diesen Entschuldigungsbeweis führen muß. Allerdings schließt Not-
„wehr ein Verschulden des sich Verteidigenden aus; allein die
„Behauptung der Notwehr ist nicht reine Verneinung der vom
„Kläger behaupteten Thatsachen, sondern zugleich die Aufstellung
„anderer Thatsachen, insbesondere des rechtswidrigen Angriffs,
„auf deren vom Beklagten zu führenden Beweis es ankommt,
„sobald der Kläger den ihm obliegenden Beweis einer vorsätzlich
„vom Beklagten bewirkten Körperverletzung geführt hat. Hiervon
„abweichend geht der Ber.-Richter von Grundsätzen aus, welche
„im Strafverfahren bei Aburteilung strafbarer Körperverletzungen
„für maßgebend erachtet werden. . . . . . Für den Civilrichter
„können die gleichen Grundsätze nicht maßgebend sein. Zwar ist
„die freie Beweiswürdigung in § 259 der C.P.O. auch dem Civil-
„richter eingeräumt und zur Pflicht gemacht, allein gerade eine
„Vergleichung dieses § 259 mit dem entsprechenden § 260 der
„St.P.O. läßt den Unterschied zwischen der Aufgabe des Civil-
„richters und der des Strafrichters deutlich in die Augen sprin-
„gen. . . . . . Während also der Strafrichter, durch Regeln der
„letzteren Art nicht beschränkt, unter Benutzung aller ihm zugäng-
„lichen Beweismittel mit freiem Ermessen prüft, ob der Ange-
„klagte einer Strafthat schuldig sei, hat der Civilrichter sein freies
„Ermessen nur auf die Frage zu richten, ob jede der Parteien
„durch die von ihr und dem Gegner vorgebrachten Beweismittel
„diejenigen rechtserheblichen Behauptungen, die sie aufgestellt hat
„und deren Beweis ihr obliegt, bewiesen habe oder nicht. Ge-
„lingt also dem wegen Körperverletzung Klagenden der Beweis
„einer ihm vorsätzlich zugefügten Verletzung, dem Beklagten aber
„der Beweis der Notwehr nur bis zum Grade der Wahrschein-
„lichkeit, so kann nach § 259 der C.P.O. der Richter nur ent-

„scheiden, daß die Behauptung der Notwehr für nicht wahr zu „erachten sei, sofern er nicht Veranlassung hat, nach Maßgabe „des § 457 der C.P.O. von Auferlegung eines richterlichen Eides „Gebrauch zu machen. — Das angefochtene Urteil war hiernach „aufzuheben und die Sache . . zurückzuverweisen."

Ich bin mit dieser Entscheidung selbstverständlich völlig einverstanden, im allgemeinen auch mit den Gründen. Der Satz: „Allerdings schließt Notwehr ein Verschulden des sich Verteidigenden aus; allein die Behauptung der Notwehr ist nicht eine Verneinung, sondern zugleich die Aufstellung anderer Thatsachen, auf deren vom Beklagten zu führenden Beweis es ankommt, sobald der Kläger den Beweis einer vorsätzlich vom Beklagten bewirkten Körperverletzung geführt hat", trägt mit voller Entschiedenheit meine Theorie vor. Merkwürdig ist nur, daß hier der oberste Gerichtshof nicht das Bedürfnis gefühlt hat, sich mit der herrschenden Lehre auseinander zu setzen, um so merkwürdiger, als die Sache aus dem Gebiet des französischen Rechts stammt und wenigstens dem Anscheine nach der Beweis der Klage auf dem — hier mit aller Schärfe geteilten — Geständnis beruht.

Indessen, abgesehen von diesem letzteren Punkte würde der Verfasser des Urteils doch erwidern können, daß eine derartige Auseinandersetzung mit der herrschenden Lehre jedenfalls nicht notwendig war. Es handelt sich hier garnicht um die prozessualische, sondern um die materiell-rechtliche Frage: Genügt die Behauptung vorsätzlicher Körperverletzung zur Begründung des Anspruchs, obwohl nicht bloß Vorsätzlichkeit, sondern vor allen Dingen auch Rechtswidrigkeit der That für bie Entstehung eines Anspruchs Voraussetzung ist. Es war zu erwägen, ob nach dem logischen Aufbau der Rechtsordnung die Bestimmung, doß Notwehr die Rechtswidrigkeit ausschließt, als eine besondere Ausnahme von der allgemeinen Norm zu denken ist: du sollst Niemanden körperlich verletzen. Die Bejahung dieser Frage hält das Reichsgericht offenbar für selbstverständlich:

> „Denn nur durch eine wirklich erwiesene Notwehr, nicht schon durch die Wahrscheinlichkeit einer solchen wird einer vorsätzlich verübten Körperverletzung der Charakter einer rechtswidrigen That entzogen",

(für einen obersten Gerichtshof ein auffallend inkorrekter Satz; der Charakter einer rechtswidrigen That wird der vorsätzlichen Körperverletzung durch Vorhandensein der Notwehr entzogen; ob die Notwehr bewiesen werden kann, ist eine Frage für sich).

„Wer auf Grund der Artikel 1382, 1383 des code civil wegen erlittener Körperverletzung Schadensersatz verlangt, hat zu beweisen, daß der Beklagte die Verletzung schuldhaft, d. h. vorsätzlich oder fahrlässig verübt hat, während der Beklagte, welcher behauptet, die verletzende Handlung zum Zweck der Verteidigung ausgeführt zu haben, diesen Entschuldigungsbeweis führen muß."

Korrekter würde auch dieser Satz gelautet haben:

„Wer auf Grund der Art. 1382, 1383 des code civil wegen erlittener Körperverletzung Schadensersatz verlangt, hat zu behaupten, daß der Beklagte die Verletzung vorsätzlich oder fahrlässig verübt hat, während der Beklagte, welcher wegen Notwehr dem Anspruch widerspricht, behaupten muß, daß er die verletzende Handlung in berechtigter Weise zum Zwecke der Verteidigung gegen einen rechtswidrigen Angriff ausgeführt habe."

Ob der Satz so selbstverständlich ist, daß das Reichsgericht, wo auf ihn alles ankam, ohne weitere Begründung ihn nur auszusprechen brauchte, lasse ich dahingestellt. Die herrschende Lehre könnte demgegenüber jedenfalls darauf bestehen, daß nur die rechtswidrige Körperverletzung (sei es nun vorsätzliche oder fahrlässige) zum Schadensersatz verpflichtet, daß mithin, wie oben die Vorbehaltlosigkeit, hier die Rechtswidrigkeit zum Klagegrunde gehört und daher vom Kläger bewiesen werden muß.

Man wird nun auch verstehen, weshalb ich bisher unterließ, mich auf zwei Autoren zu berufen, die vor mir die herrschende Lehre angegriffen haben, mit denen ich in vielen Einzelheiten übereinstimme, von denen mich aber doch prinzipielle Gegensätze trennen. Ich meine Fitting und Betzinger. Worin es Beide meiner Meinung nach verfehlen, ist die eben besprochene scharfe Scheidung der prozessualischen von der materiell-rechtlichen Seite der Frage. Was Betzinger bringt[21]), halte ich im Übrigen für eine wertvolle Paraphrase zu dem Ungerschen Gedanken, aus einer richtigen Erkenntnis des logischen Aufbaues unseres Rechtssystems heraus die Frage der Beweislast entscheiden zu wollen. Fittings Resultate erscheinen mir zu komplizirt, als daß sie richtig sein könnten. Die Wahrheit

---

[21]) Betzinger, Die Beweislast im Civilprozeß, Karlsruhe 1894.

ist immer einfach, nicht zwar die gesuchte, aber die gefundene. Deshalb kann ich mich nicht überzeugen, daß Fitting die Wahrheit gefunden hat. Indem er die grundsätzliche Beweislast dahin zusammenfaßt[22]):

1. Wer ein Interesse daran hat, daß im gegebenen Fall die Wirkung bezw. Gegenwirkung einer Rechtsvorschrift als eingetreten anerkannt werde, muß die thatsächlichen Voraussetzungen derselben nötigenfalls beweisen und

2. Nur die behauptete Veränderung eines früheren Zustandes, nicht die Fortdauer desselben, bedarf des Beweises (ein in dieser Allgemeinheit offenbar falscher Satz),

gelangt Fitting zu der Regel, man brauche nur anzunehmen, ein behauptetes aber bestrittenes Thatbestandsmerkmal sei garnicht behauptet oder als unwahr erwiesen, um zu prüfen, welchen Einfluß das im gegebenen Fall auf die Entscheidung haben würde:

„Es ergiebt sich dann ohne weiteres, welche Partei ein Interesse an der Feststellung dieses Merkmals, also dafür die Beweislast hat. Mittels dieses überaus einfachen Verfahrens wird man die bestimmte Beantwortung der vielfach mißlichen und garnicht schlechthin ausschlaggebenden Frage, ob ein gewisses Vorbringen Leugnen des Klagegrundes oder Einrede sei, meist ganz ersparen können. Nur ist die Regel freilich nicht einer ganz mechanischen Anwendung fähig, sondern man muß sich natürlich immer zuerst klar machen, welche Thatbestandsmerkmale für die Entscheidung überhaupt erheblich sind, und ob etwas, was äußerlich im Gewande einer selbständigen Behauptung auftritt, wirklich für die Entscheidung eine eigene und selbständige Bedeutung hat oder bloß um deswillen in Betracht kommt, weil es mittelbar die Ableugnung einer erheblichen Behauptung des Gegners enthält. Im letzteren Fall ist bloß mit dieser Behauptung des Gegners zu rechnen, jene andere widerstreitende steht einer schlichten Bestreitung gleich, und das in ihr liegende positive Moment bleibt als unerheblich außer aller Rücksicht. . . . Sind aber auf diese Weise die unerheblichen Thatbestandsmerkmale ausgeschlossen, so führt die Anwendung der obigen Regel jedesmal zu einem untrüglichen Ergebnisse, wenn man nur stets beachtet:

[22]) Zeitschrift für deutschen Civilprozeß Bd. XIII S. 1 fg.

„1. daß das Dasein oder Nichtdasein eines Rechts oder „Rechtsverhältnisses, insbesondere eines debitum oder indebitum „sich nicht unmittelbar beweisen läßt, daß also die Regel immer „bloß auf die thatsächlichen Verhältnisse angewendet werden „kann, aus denen das Gericht mit Heranziehung von Rechtssätzen „auf das Dasein oder das Nichtdasein des Rechts oder Rechts„verhältnisses schließen soll,

„2. daß, wenn nicht eine Abweichung von demjenigen Ver„hältnisse behauptet und festgestellt ist, welches dem Rechte als „das normale gilt, die auf das normale Verhältnis berechneten „Rechtsvorschriften angewendet werden müssen,

„3. daß, soweit diese Rücksicht nicht eingreift, ein festgestellter „thatsächlicher und rechtlicher Zustand als fortdauernd ange„nommen werden muß, wenn nicht eine Veränderung behauptet „und festgestellt wird."

Bei aller Achtung vor der wissenschaftlichen Bedeutung des Verfassers muß man doch sagen: es kann nicht Wunder nehmen, daß die Praxis sich bisher für diese „überaus einfache" Regeln nicht hat erwärmen können.

Wir sind am Schluß. Indem ich vom Leser Abschied nehme, hebe ich nur noch hervor, daß ich des lebhaften Widerspruchs wohl gewärtig bin. Würde ich in Einzelheiten eines Besseren belehrt, so sollte mich's nicht allzusehr grämen. Wie unfertig meine Theorie ist, wie sehr sie noch der Durcharbeitung bedarf, weiß Niemand besser, als ihr Verfasser. Würde aber auch meine Grundauffassung widerlegt werden, so wäre zwar der Mühe Preis verloren, das hohe Ziel indessen stünde unverrückt: eine reine Scheidung der Rechtswissenschaft von der Philosophie!

Druck von Leonhard Simion in Berlin SW.

FSC
www.fsc.org
MIX
Papier | Fördert
gute Waldnutzung
FSC® C083411

Kolibri 360 GmbH
Ferdinand-Jühlke-Straße 7
99095 Erfurt, Deutschland
produktsicherheit@kolibri360.de